MONICA ALM

KIKI und ihr Ponyklub

SAMMELBAND 1

Schneider-Buch

Inhalt

Titel der schwedischen Originalausgaben:
HÄR KOMMER PONNYGÄNGET © 1971 AB Rune Olausson
PONNYGÄNGET PÅ LÅNGRITT © 1972 AB Rune Olausson
PONNYGÄNGET KLARAR ALLA HINDER © 1973 AB Rune Olausson
erschienen bei Rabén & Sjögren, Stockholm
Deutsche Übersetzung: Ursula Dotzler
Schutzumschlag und Illustration: Renate Vögel-Cossmann
Textredaktion: Karin Bonow-Lochner
Bestellnummer: 7756
Deutsche Ausgabe: © 1977 Franz Schneider Verlag
München – Wien
ISBN 3 505 07756 9

Mein Pferd Melissa

Ich kenne nichts, was so gut riecht wie ein Pferd. Wenn ich nur in die Nähe des Stalles komme, verschwinden wie durch Zauberschlag alle unangenehmen Gedanken an Schularbeiten, unzufriedene Lehrer und nörgelnde Eltern.

Ich bin vor kurzem vierzehn geworden und reite schon seit sechs Jahren. Und ich bin überzeugt davon, daß ich reiten werde, solange ich auf den Beinen stehen kann – selbst wenn ich hundert Jahre alt werden sollte!

Nicht nur das Reiten selbst ist herrlich; alles andere ist mindestens genauso schön: Ein Pferd zu striegeln, die Hufe auszukratzen, den Stall auszumisten, das Sattelzeug zu wachsen, Mähne und Schwanz zu bürsten – ja, jede Arbeit, die mit einem Pferd zusammenhängt, macht riesigen Spaß.

Eigentlich spielt es keine Rolle, ob man ein eigenes Pferd hat oder nicht. Die Hauptsache ist, daß man sich um ein Pferd kümmern darf. Aber natürlich ist es der Wunschtraum jedes Reiters, ein eigenes Pferd zu besitzen. Und für mich ist dieser Traum in Erfüllung gegangen! Manchmal kann ich selbst kaum glauben, daß es wahr ist. Dann kneife ich mich in den Arm, um festzustellen, ob ich träume. Aber ich bin wach – ich habe ein Pferd. Eines, das mir ganz allein gehört und Melissa heißt.

Mit acht Jahren, als ich meinen ersten Hufkratzer und Striegel kaufte, glaubte ich nie, daß ich einmal selbst ein Pferd haben würde. Doch ich sparte wie ein alter Geizkragen. Wenn meine Eltern und Verwandten mich fragten, was ich mir zum Geburtstag oder zu Weihnachten wünschte, sagte ich jedesmal: „Reitsachen oder Geld."

Das Geld für mein Pferd legte Papa auf ein eigenes Bankkonto, und bestimmt glaubte keiner daran, daß ich es schaffen würde. Da täuschten sie sich aber alle miteinander! Natürlich ließ ich mich manchmal verführen und kaufte „unnötige" Dinge wie Süßigkeiten oder Schallplatten, aber das kam nicht sehr oft vor. Im letzten Jahr hatte ich schon neunhundert Mark beisammen, und da sagte mein Vater eines Tages zu mir: „Kristina, wenn wir mit dem Essen fertig sind, möchten Mama und ich mit dir reden."

Ich merkte, daß es sich um etwas Ernstes handelte, weil er mich mit Kristina anredete. Sonst nannte er mich nämlich immer Kiki wie alle anderen auch.

„Ja, Kristina", begann Papa nach dem Abendessen, „du hast sehr fleißig gespart. Und da sind wir auf die Idee gekommen, daß wir dir das restliche Geld leihen könnten, damit du dir ein Pferd kaufen kannst."

Ich fiel beinahe in Ohnmacht!

Rasch biß ich mir auf die Lippen und lächelte tapfer, obwohl ich am liebsten in Tränen ausgebrochen wäre. Atemlos fragte ich: „Wann können wir es kaufen?“

„Vielleicht schon morgen“, antwortete meine Mutter. „Wir haben bereits mit Herrn Erik von der Reitschule gesprochen. Er meint, wir könnten eines von seinen drei Jungpferden haben.“

Ich wußte genau, um welche Pferde es sich handelte: Charly, Sesam und Melissa. Jedes von ihnen war drei Jahre alt; die beiden Junghengste wurden seit kurzem eingeritten, aber die Stute Melissa hatte bis jetzt noch nie einen Sattel auf dem Rücken gehabt. Die wollte ich haben!

Ich war sicher, daß ich in dieser Nacht nicht schlafen würde, denn sobald ich die Augen schloß, sah ich Melissa vor mir. Aber seltsamerweise muß ich nach Mitternacht doch eingeschlafen sein, denn ich erwachte davon, daß meine Mutter mich rüttelte. Meine erste Frage war: „Habe ich geträumt, oder bekomme ich wirklich ein Pferd?“

„Du hast nicht geträumt“, lachte Mama. „Aber beeile dich jetzt, damit du in die Schule kommst. Heute abend um sechs Uhr sollen wir Herrn Erik im Reitstall treffen.“

Ich kam schneller als sonst aus dem Bett und erreichte die Schule in Rekordzeit. Dafür schleppte sich der Rest des Tages endlos lange dahin. Natürlich lernte ich während der Stunden überhaupt nichts; ich saß nur da und träumte mit offenen Augen.

Ein paar Minuten vor sechs war ich im Stall, und schon eine halbe Stunde später konnte ich mich stolz Pferdebesitzerin Kristina Bergman nennen!

Nach und nach tauchten alle meine Freundinnen in der Reitschule auf, und ich hüpfte wie ein Irrwisch herum und rief ihnen entgegen, daß ich ein eigenes Pferd bekommen hätte! Elisabeth, Ingrid, Anita, Karin, Marianne und Lena umringten mich und meine Stute Melissa. Alle redeten gleichzeitig, und wir lachten und schrien so laut, daß ein paar Pferde in ihren Boxen zu wiehern begannen.

Damals, als ich Melissa bekam, war sie also drei Jahre alt. Inzwischen ist sie schon vier. Sie ist eine Kreuzung: Ihr Vater war ein Vollblut-Russenpony und ihre Mutter ein nordschwedisches Vollblut. Melissa ist ein richtiges Reitpferd mit einem recht lebhaften, aber leicht zu zügelnden Temperament.

Ich habe sie selbst zugeritten, und das dauerte ziemlich lange, aber sowohl ich als auch Melissa haben eine Menge dabei gelernt! Ich zum Beispiel weiß jetzt, daß man Geduld haben muß und nicht ärgerlich oder traurig werden darf, wenn einmal ein Erfolg ausbleibt. Melissa dagegen mußte sich an Sattel und Trense gewöhnen, und das änderte ihr ganzes Leben. Nachdem sie so lange frei und unbeschwert herumgesprungen war, mußte sie nun arbeiten und Gehorsam lernen.

Anfangs schlug sie ein bißchen aus, wenn ich den Sattelgurt anzog. Inzwischen läßt sie sich den Sattel jedoch gern auflegen, weil sie weiß, daß sie dann aus dem Stall kommt.

Am schlimmsten war es mit der Trense. Beim erstenmal wurde sie von Panik ergriffen und nahm ein Maul voller Sägespäne und Heu, um das Gebiß zu verschlucken, obwohl ich eigens ein weiches aus Gummi gekauft hatte. Aber natürlich gewöhnte sie sich mit der Zeit auch daran.

Ich habe mir immer Mühe gegeben, nicht ungeduldig zu werden und gleichmäßig freundlich, aber auch bestimmt zu sein. Und ich habe Melissa nur selten einen Schlag versetzt.

Manche meiner Freundinnen finden, daß ich härter mit ihr umgehen sollte, doch ich glaube, daß Melissa dann ziemlich verstockt und bösartig werden könnte. Aber natürlich muß ich mich durchsetzen, wenn ihr Übermut sich in Bocksprüngen äußert oder wenn sie steigt und sich auf die Hinterbeine stellt. Da hilft alles nichts – ein Pferd darf sich keine Freiheiten herausnehmen, die für den Reiter lebensgefährlich sein können!

Im allgemeinen ist Melissa jedoch ein sehr liebes Pferd. Ihre Lebhaftigkeit macht mir natürlich manchmal etwas zu schaffen, aber ich würde sie gar nicht anders haben wollen.

Ein schöner Tag mit kläglichem Ende

Wie die Zeit vergeht – jetzt gehört mir Melissa schon seit über einem Jahr; sie hat sich zu einem richtig guten Reitpferd entwickelt. Und morgen ist unser letzter Schultag vor den Sommerferien.

Früher habe ich meine Ferien immer am liebsten in einem Reitlager verbracht, aber in diesem Jahr will ich jeden einzelnen Tag hier in Aspen zubringen. Auch meine sechs Freundinnen haben beschlossen, den ganzen Sommer über zu Hause zu bleiben. Vier von uns haben eigene Pferde: Star Dust ist Ingrids Pony, Munter gehört Karin, Lena ist die Besitzerin von Charlie (der zusammen mit meinem Pferd aufgewachsen ist), und ich habe Melissa. Die anderen drei Mädchen heißen Elisabeth, Anita und Marianne. Wir sind wirklich die besten Freunde. Nicht eine von uns vier Pferdebesitzerinnen benimmt sich hochnäsig – und keine von den anderen, die auf Pferden der Reitschule reiten, ist mißgünstig. Tatsächlich ist Elisabeth, die kein eigenes Pferd hat, die beste Reiterin von uns allen.

Morgen beginnen also die großen Ferien. Mein Zeugnis macht mir keine besonderen Sorgen, obwohl ich bestimmt nicht zu den Besten in unserer Klasse gehöre. Andererseits werde ich wohl kaum so schlechte Noten bekommen, daß meine Eltern sauer sind. Wenigstens hoffe ich das!

Ich habe fast in jedem Fach eine Drei bekommen; entweder sind die Lehrer einem Anfall von Freundlichkeit erlegen, oder ich bin vielleicht doch nicht so dumm, wie ich mir manchmal vorkomme, vor allem in Mathematik. Aber Schluß damit, ich habe keine Lust, in den Sommerferien auch nur einen Gedanken an die Schule zu verschwenden!

Zum Mittagessen gab es „Arme Ritter" mit viel Marmelade, meine Lieblingsspeise. Ich aß so viel, daß ich kaum mehr aufstehen konnte. Meine Mutter meinte, ich sollte mich doch ein bißchen hinlegen und ausruhen. Aber ich schleppte mich in mein Zimmer, zog meine Reitsachen an und stapfte in meinen Reitstiefeln über den Flur. Und ehe Mama den Mund auftun und sich über die kleinen Lehmklumpen beklagen konnte, die ich bei jedem Schritt zurückließ, sagte ich: „Ich kann heute nicht zum Abendessen kommen. Wir treffen uns alle im Stall und überlegen, was wir in den Ferien unternehmen wollen. Länger als bis neun Uhr bleibe ich bestimmt nicht aus, und dann nehme ich mir selbst ein paar Butterbrote."

Ich sah ihr an, daß sie mir im nächsten Augenblick einen Vortrag darüber halten wollte, wie ungeheuer wichtig es für ein heranwachsendes Mädchen ist, ordentlich und in Ruhe zu Abend zu essen.

Deshalb öffnete ich schnell die Wohnungstür und murmelte: „Es schadet mir bestimmt nichts, wenn ich das Abendbrot heute mal ausfallen lasse. Man muß den Magen manchmal ein bißchen ausruhen lassen, vor allem, wenn man ihn mit ‚Armen Rittern' und Marmelade vollgestopft hat. Jetzt verschwinde ich zu Melissa. Tschüs, Mama!"

Ich schwang mich auf mein Fahrrad und machte mich

auf den Weg zum Reitstall. Es war ein wunderbarer Tag – die Sonne schien, und ein kühles Lüftchen wehte. Ich fuhr am Misthaufen vorbei, bog zum Stall ab und lehnte das Fahrrad gegen die Wand. Die Stalltür stand offen. Ich hörte Stimmen und Gelächter. Schnell stiefelte ich hinein und rief: „Melissa!"

Sofort antwortete mir ein frohes Wiehern. Melissa wiehert besonders gern. Es gibt Pferde, die das nur selten tun, aber Melissa wiehert oft und gibt mir immer Antwort, wenn ich ihren Namen rufe. Mir wird dabei immer ganz warm vor Freude.

Ingrid, Lena und Karin waren gerade mit ihren Pferden beschäftigt. Auf der anderen Seite des Stalles standen Elisabeth, Anita und Marianne in den Boxen und striegelten Figaro, Filur und Primus, die sie für den Sommer von Aspens Reitschule gemietet hatten. Für gewöhnlich kamen die Pferde während der Ferienmonate auf die Weide, weil in dieser Zeit keine Reitstunden abgehalten wurden.

Wir erkundigten uns natürlich gegenseitig, wie die Zeugnisse ausgefallen waren. Dann beschlossen wir, uns noch ein bißchen nützlich zu machen und anschließend auf die Koppel neben der Springbahn zu reiten. Einige mußten die Boxen noch in Ordnung bringen oder den Boden saubermachen; ich kümmerte mich um Melissa.

Sie stand ganz still da und ließ es sich gern gefallen, daß ich sie striegelte. Zur Belohnung bekam sie eine Karotte und ein Zuckerstück. Bald glänzte ihre Mähne prächtig im Sonnenlicht, und das Fell war sauber und geschmeidig. Auch meine Freundinnen waren inzwischen mit ihrer Arbeit fertig, und endlich konnte der erste Ausritt dieser Sommerferien beginnen!

Wir sattelten unsere Pferde und ritten hinüber zur Koppel hinter der Springbahn. Ach, es ist ein herrliches

Gefühl von Freiheit und Glück, auf dem Rücken eines Pferdes zu sitzen! Hoch über dem Boden bewegt man sich still und weich vorwärts, als hätte man plötzlich eine Menge ungeahnter Kräfte. Es ist jedesmal das gleiche, wunderbare Erlebnis, im Sattel zu sitzen und zu entdecken, daß man alle Bewegungen beherrscht.

Wir ritten ein paarmal im Schritt durch die Bahn, um unsere eigenen Muskeln und die unserer Pferde weicher zu machen. Nach einem kurzen Galopp ging es hinunter zu den Hindernissen. Karin war als erste an der Startlinie. Sie kontrollierte, ob ihre Reitkappe fest saß, beugte sich vor und klopfte ihrem Pferd aufmunternd auf den Hals. Nachdem sie Munter noch etwas ins Ohr geflüstert hatte, ritt sie geradewegs auf das erste Hindernis zu.

Karin springt ausgezeichnet und hat schon mehrere Preise in einfacheren Turnieren gewonnen. Sicher wird sie bald in einer höheren Klasse zum Wettkampf antreten. Karin hat ein natürliches Empfinden für das richtige Gleichgewicht und neigt sich beim Springen nie zu weit vor, wie es mir im Übereifer oft passiert.

Ich stand mit Melissa bei einem Übungshindernis, das wir aus einem alten Ölfaß errichtet hatten. Karin wendete, um zum zweitenmal zu springen. Elisabeth ritt inzwischen mit Figaro auf die Bahn, und Lena und Ingrid ließen Charlie und Star Dust schnelle Wendungen auf der Hinterhand vollführen.

Alles war nett und gemütlich; ich saß im Sattel und genoß das friedliche Idyll . . . da passierte es! Melissa machte plötzlich einen heftigen Ruck und zog eines ihrer Hinterbeine an den Bauch. Ich rutschte seitlich aus dem Sattel, konnte mich jedoch noch rechtzeitig anklammern und gewann mühsam mein Gleichgewicht wieder. Doch in der nächsten Sekunde kam es mir vor, als hätten Himmel und

Erde Platz getauscht! Melissa stieg – sie hob sich auf die Hinterbeine, und ich sauste durch die Luft und landete auf dem Rücken!

Ratet mal, ob das weh tat? Zuerst fiel ich auf meinen Allerwertesten, daß mir ganz schwarz vor den Augen wurde. Und im nächsten Augenblick prallte mein Hinterkopf derart gegen den Boden, daß ich lauter Sterne sah. Ich hatte wirklich Glück, daß ich meine Reitkappe trug, sonst wäre ich bestimmt mit einer Gehirnerschütterung im Krankenhaus gelandet. Mein Kreuz, mein Hinterteil und meine Schenkel schmerzten, und ich hatte das Gefühl, als stünde meine Haut in Flammen.

Was war nur in Melissa gefahren, daß sie sich plötzlich so aufbäumte?

2 7756-16

Melissa stand noch immer auf den Hinterbeinen und schlug mit den Vorderhufen wild in die Luft. Ich hatte Verstand genug, mich zusammenzurollen und die Arme schützend über den Kopf zu halten, damit ich nicht zu sehr verletzt wurde, wenn Melissa völlig verrückt wurde und losgaloppierte oder vielleicht gar durchging. Aber sie stand nur dauernd wie ein Zirkuspferd da und wieherte schrill.

Anita und Marianne sprangen von ihren Pferden und rasten zu Melissa, ergriffen ihre Zügel und zogen, bis mein Pferd wieder mit allen vieren auf dem Boden stand. Melissa warf den Kopf aufgeregt vor und zurück, aber Anita klopfte ihr den Hals, bis sie sich beruhigte.

Marianne stand inzwischen auf der anderen Seite und hielt die Zügel, während sie Melissa über Nüstern und Stirn streichelte.

Die anderen Mädchen halfen mir wieder auf die Füße. Nachdem ich mich überzeugt hatte, daß ich mir weder Arme noch Beine gebrochen hatte, hinkte ich mit ihrer Unterstützung zum Stall hinüber.

Marianne kam nach einigen Minuten mit Melissa nach und stellte sie in ihre Box. Ich saß auf einem Stuhl; vor Schmerz und Schreck liefen mir die Tränen über die Wangen.

Kurz darauf hatte ich mich jedoch wieder soweit gefaßt, daß ich aufstehen und mir die Augen mit dem Taschentuch trocknen konnte.

„Wie geht es dir?“ fragte Marianne.

„Ich werd's überleben“, antwortete ich. „Vielen Dank, daß ihr euch um Melissa gekümmert habt.“

„Was war eigentlich los, warum ist sie plötzlich gestiegen?“ fragte Ingrid.

„Keine Ahnung“, sagte ich. „Ich saß vollkommen ruhig da, und sie war ganz friedlich und entspannt. Mit einem

Male tat sie einen gewaltigen Ruck und begann sich wie ein Wildpferd aufzuführen."

„Irgend etwas muß sie erschreckt haben", meinte Karin.

„Ich glaube, ich weiß, warum sie gestiegen ist", sagte Lena, ging zur Box und verschwand unter Melissas Bauch.

„Paß auf!" rief ich. „Sie steigt vielleicht wieder!"

Lena antwortete nicht, sondern murmelte etwas vor sich hin, während sie auf den Knien lag und vorsichtig Melissas Bauch abtastete.

Nach ein paar Minuten erhob sie sich wieder, wischte sich das Sägemehl von der Hose und kam zu uns herübergelaufen.

„Es ist genau das, was ich vermutet habe", erklärte sie. „Melissa hat einen ordentlichen Wespenstich auf der linken Bauchseite. Das hat sie so wild gemacht."

„Armes Mädchen!" rief ich. „Was tut man gegen Wespenstiche? Soll ich sie mit irgendeiner Flüssigkeit betupfen? Oder müßte man versuchen, den Stachel herauszuziehen?"

„Melissas Haut ist um den Wespenstich herum sehr schmerzempfindlich", erwiderte Lena. „Wenn du mit einem feuchten Wattebausch kommst, wird sie sicher wieder ängstlich und schlägt vielleicht aus. Bestimmt ist es am besten, wenn du den Stachel überhaupt nicht berührst. Es heilt sicher von selbst. Laß Melissa heute mal ein bißchen ausruhen."

„Das paßt mir ausgezeichnet", murmelte ich. „Mein Hinterteil tut mir so weh, daß ich für den Rest des Tages darauf verzichten kann, im Sattel zu sitzen."

Hinkend und breitbeinig ging ich zum alten Feldbett, das im Klubraum neben dem Stall steht. Die anderen kehrten wieder zu ihren Pferden zurück.

Ich lag auf dem Bauch und hörte ihre fröhlichen Rufe. Jedesmal wenn ich mich auf die Seite zu drehen versuchte, tat mir vom Nacken bis zur Ferse hinunter alles weh. Na, das war ja kein besonders glorreicher Beginn meiner Sommerferien!

Der Klub wird gegründet

In den folgenden Nächten konnte ich kaum schlafen. Meinen Eltern erzählte ich kein Wort von meinem Unfall, denn ich bin der Meinung, man soll ältere Leute nicht unnötig beunruhigen. Zu meinem Bruder Michael sagte ich natürlich auch nichts; er hätte sich bestimmt wieder auf seine unerträgliche Art über mich lustig gemacht. „Kleine Mädchen sollten die Finger von so großen Tieren lassen“, sagt er jedesmal sofort, wenn ich andeute, daß es manchmal nicht so ganz einfach ist, ein Pferd zu halten.

Tagsüber lag ich im Gras und sah den anderen beim Reiten zu. Mein Hinterteil tat mir noch so weh, daß ich nicht im Sattel sitzen konnte. So wurde Melissa täglich von Elisabeth bewegt, nachdem der Wespenstich verheilt war.

Eines Nachmittags kam mir beim Faulenzen ein Einfall. Ich rief nach meinen Freundinnen, und während sie sich neben mir niederließen, sagte ich: „Dieses kleine Zimmer hinter den Boxen nennen wir doch Klubraum, oder nicht?“

„Ja. Stimmt etwas nicht damit?“ antworteten sie.

„In gewisser Weise“, sagte ich. „Wir haben einen Klubraum, aber keinen Klub.“

„Wir gehören doch zu Aspens Reitschule“, meinte Anita.

„Ja, aber wäre es nicht prima, wenn wir einen eigenen Klub hätten?“ erwiderte ich.

„Wofür denn?“

„Ach, wir könnten Klubmeisterschaften veranstalten und

Vorführungen abhalten, für die die Leute Eintritt bezahlen."

Minutenlang war es still, dann sagte Marianne: „Das klingt gar nicht so dumm."

Die anderen murmelten zustimmend.

„Wir brauchen Geld, um Farbe zu kaufen, damit wir unsere Kästen und Schubladen streichen können", überlegte Marianne.

„Ich finde, wir sollten uns einen Petroleumofen für den Klubraum anschaffen, wenn wir viel Geld verdienen", meinte Lena. „Dann können wir uns dort im Winter aufhalten, ohne halb zu erfrieren."

„Aber vielleicht kommt überhaupt kein Mensch, um unsere Vorführungen zu sehen", wandte Ingrid ein.

„Unsere Eltern kommen bestimmt, das müssen sie einfach", sagte Anita. „Aber erst muß der Klub gegründet werden. Wie soll er heißen?"

Das löste eine lebhafte Diskussion aus. Verschiedene Vorschläge wurden gemacht, aber keiner fand allgemeine Zustimmung. „Wie wär's mit ‚Webe Pferdeklub'?" rief Karin.

„Was bedeutet Webe?" fragten wir.

„Weltbester Pferdeklub", erklärte Karin.

„Nein!" schrien wir.

„Wir könnten vielleicht einen vornehmen Namen wählen", überlegte Lena. „Königlicher Reitsportklub zum Beispiel."

„Wir dürfen uns doch nicht ‚königlich' nennen!" sagte Marianne.

„Warum denn nicht?" erwiderte Lena. „Man fühlt sich ja wie ein König, wenn man reitet."

„Nein, wir brauchen einen richtigen Namen. Einen, der nicht klingt, als hätte uns plötzlich der Größenwahn gepackt", sagte Ingrid.

„Winzig kleiner Pferdeklub?" fragte Karin.

„Vereinigung der schüchternen Pferde?" schlug ich vor.

„Heimlicher Reiterklub!" rief Marianne.

„Wie stellt man es denn an, heimlich zu reiten?" wollte Lena wissen.

Mehr als eine Stunde verging, und wir hatten noch immer keinen brauchbaren Namen gefunden. Eine Zeitlang sah es aus, als könnten wir uns auf „Kleiner Pferdeklub" einigen. Dann merkten wir, daß das nach einem Indianerbuch klang. Indianer haben immer Pferde, die „Kleine Wolke" oder „Kleines Gewitter" oder so ähnlich heißen.

„Wenn Kiki wütend ist, müssen wir den Klub in ‚Kleiner Pferdeklub mit großem Gepolter' umtaufen", sagte Anita.

„Wenn wir den Klub nach dir benennen würden", erwiderte ich, „dann müßte er heißen: ‚Kleiner Pferdeklub mit großem Gekicher!"

Anita versuchte, ein böses Gesicht zu machen, aber es gelang ihr nicht recht. Nach ein paar Sekunden fing sie zu kichern an; wir anderen konnten ebenfalls nicht ernst bleiben und brachen in lautes Lachen aus.

Wir gründen einen Klub, aber wie soll er heißen?

Und genau zwanzig Minuten später einigten wir uns auf den Namen Ponyklub.

„Jetzt weihen wir den Ponyklub gemeinsam ein, indem wir über die Dressurbahnen reiten!" schlug ich vor und stand auf.

„Hält dein Hinterteil das aus?" fragte Ingrid.

„Ich opfere mich für den Klub", lachte ich.

Zwar tat es an verschiedenen Stellen noch ein bißchen weh, als ich mich in den Sattel setzte, aber es war auszuhalten.

„Wir machen ein paar Wendungen auf der Vorderhand", sagte Elisabeth feierlich, „um zu zeigen, daß wir richtige Reiterinnen sind."

Und so wurde die Gründung unseres Klubs mit einem gemeinsamen Dressurritt besiegelt.

Am nächsten Tag hielten wir unser erstes Klubtreffen ab.

Elisabeth wurde zur Vorsitzenden gewählt, ich zur Schriftführerin und Karin zum Kassenwart.

Dann überlegten wir, welche Farben der Ponyklub bekommen sollte. Anfangs wollte natürlich jede einzelne genau die Farbe, in der seine eigenen Reitsachen gestrichen waren, doch wir begriffen bald, daß wir so nicht weiterkamen.

„Es ist am fairsten, wenn alle ihre Sachen neu streichen", sagte Elisabeth.

„Typisch!" stöhnte Lena. „Ich habe meine ganze Ausrüstung erst vor vierzehn Tagen frisch gestrichen!"

Anita lachte. „Prima, dann bist du wenigstens noch in Übung. Denk doch an uns – wir haben schon seit einem Jahr nichts mehr angemalt!"

„Wir werden Blasen an den Händen kriegen", sagte ich.

„Das hoffe ich wirklich!" brummte Lena.

„Und was für eine Farbe nehmen wir?“ fragte Ingrid.

„Ich finde Rot sehr hübsch“, sagte ich.

„Nein, nicht Rot!“ riefen mehrere. „Blau oder Braun ist besser.

„Gelb!“ schrien etliche.

„Weiß!“ kreischte Marianne.

„Lila!“ rief jemand.

„Weiß!“ brüllte Marianne wieder, daß die Fensterscheiben in unserem Klubraum zitterten.

„Ruhe!“ brüllte Elisabeth genauso laut.

Gerade da ging Herr Erik vorbei. Er öffnete die Tür, musterte uns mit verwundertem Blick und fragte: „Veranstaltet ihr ein Wettschreien?“

Wir kicherten, und Herr Erik verschwand wieder.

„Wir sollten die Sache jetzt ruhig besprechen“, sagte Elisabeth. „Wenn wir so durcheinanderschreien, geraten wir uns am Ende noch in die Haare.“

„Wenn man nicht schreit, hört ja doch keiner zu!“ erklärte Marianne.

„Na ja, jetzt tun wir's aber“, versicherte Elisabeth.

„Warum möchtest du Weiß als Klubfarbe haben?“

„Weil Weiß hübsch aussieht und sauber außerdem.“

„Weiß ist im Winter unpraktisch“, mischte sich Karin ein. „Wenn man im Schneetreiben etwas Weißes verliert, sieht man es nicht. Ich finde Blau am schönsten.“

„Rot ist viel besser!“ sagte ich und stand auf. „In England trägt man rote Reitjacken auf den Turnieren und bei den Reitjagden, und das sieht richtig edel aus. Außerdem sind rote Gegenstände im Schnee bestimmt gut sichtbar, falls jemand vorhat, im Winter seine Sachen in der Natur zu verstreuen.“

„Ich verliere meine Sachen nicht!“ protestierte Karin. „Ich meine nur, daß man daran denken muß, daß man . . .“

„Hört jetzt auf, euch über den Winter zu streiten", unterbrach sie Elisabeth. „Jetzt haben wir Sommer."

„Und deswegen ist Grün die richtige Farbe!" sagte Anita.

„Gelb ist am besten!" erklärte Karin. „Die Sonne ist gelb."

„Der Himmel ist blau", sagte ich.

„Das Meer ist auch blau", warf Ingrid ein.

„Blau? Wir sind doch keine Seepferde!" lachte Elisabeth.

„Gelb sieht nach Käse aus", meinte Lena und kicherte.

„Wir sollten uns endlich entscheiden." Das kam von Karin.

„Müssen wir unbedingt nur eine Farbe haben?" fragte Marianne. „Könnten wir nicht zwei zusammen nehmen?"

„Ja!" riefen alle. „Das ist eine gute Idee!"

Nach einer Stunde hatten wir uns endlich geeinigt: Unser Klub sollte die Farben Dunkelblau und Weiß bekommen.

„Hiermit beschließen wir also, daß die Farben unseres Ponyklubs Dunkelblau und Weiß sind", sagte Elisabeth und schlug mit der Faust auf den Tisch. „Darf ich die Schriftführerin bitten, das im Protokoll zu vermerken?"

Ich nickte, zog ein Blatt Papier aus der Tasche und schrieb es auf.

„Sollen wir alle Sachen gestreift anmalen, oder wie wird das aussehen?" fragte Karin.

Doch darüber schien sich Marianne bereits Gedanken gemacht zu haben, denn ehe eine neue Diskussion ausbrechen konnte, sagte sie: „Nachdem alle Stücke unserer Ausrüstung so viele verschiedene Größen und Formen haben, können wir uns doch gar nicht für ein bestimmtes Muster entschließen. Ich finde, daß jeder von uns seine Sachen genauso anstreichen soll, wie es ihm gefällt."

„Kann ich dann weiße Kreise auf blauem Grund malen?" wollte Anita wissen.

„Darf man kleine weiße Punkte machen?“ fragte Karin. „Ich streiche alles gestreift an.“

„Weiße Sterne auf dunkelblauem Grund sind große Klasse“, meinte Ingrid.

„Sind alle dafür, daß jeder sich ein eigenes Muster aussuchen kann?“ fragte Elisabeth.

„Ja!“ antworteten wir im Chor.

„Dann ist es einstimmig beschlossen“, sagte Elisabeth und schlug wieder mit der Hand auf die Tischplatte.

Damit war unser erstes Klubtreffen beendet, und wir gingen zu unseren Pferden.

Ich ritt nur ein paar Runden mit Melissa und brachte sie dann auf die Weide zum Grasen.

Was für ein Muster sollte ich nehmen? Streifen gefielen mir gut, aber die waren bestimmt nicht leicht zu malen. Sterne waren sicher mindestens ebenso verzwickt . . .

Ich radelte nach Hause, setzte mich mit Papier und Bleistift an meinen Schreibtisch und begann zu zeichnen. Schon bald entdeckte ich, daß ich im Entwerfen und Zeichnen von Mustern nicht besonders genial war. Deshalb beschloß ich, kleine weiße Rauten auf den Rand meiner Reitsachen zu malen und den Rest einfach dunkelblau zu streichen.

Am nächsten Tag gelang es mir nach einigem Hin und Her, von Mama einen Vorschuß auf mein Taschengeld zu bekommen. Ich fuhr mit dem Fahrrad ins Farbengeschäft und kaufte zwei Dosen Farbe und einen kleinen Pinsel.

Als ich in die Reitschule kam, waren fast alle Klubmitglieder versammelt. Schon von weitem hörte man fröhliches Lachen, unterbrochen von wütenden Ausrufen.

„Dieser Stern sieht völlig verrückt aus!“ kicherte Ingrid.

„Ich werde wahnsinnig mit diesen Streifen! Sie laufen in alle Richtungen!“ zischte Lena. „Gleich pfeffere ich den Farbtopf gegen die Wand!“

Ich ging in den Stall und holte meine Kiste. Sie war so schwer, daß ich sie nicht tragen konnte, sondern sie über den Boden schleifen mußte. Ich stellte sie neben die Stallwand, öffnete den Deckel, setzte mich ins Gras und begann, den Inhalt auf der Wiese auszubreiten.

Es ist kaum zu glauben, was in so einer Kiste alles Platz hat: Reitkappe, Halfter, Plastikbänder, Reitgerte, Satteldecke, Trense, Gummibänder, Striegelbürste, Hufeisen, Stirnband, Hufkratzer, Mähnenkamm, alle möglichen Sorten von Bürsten, Sattelseife und so weiter.

„Das dauert ja ewig, bis ich das alles gestrichen habe!" stöhnte ich.

„Die Trense und das Halfter willst du doch wohl nicht beklecksen?" fragte Elisabeth.

„Nein, natürlich nicht", antwortete ich. „Und meine Reitkappe wird bestimmt auch nicht mit Farbe verziert. Aber alles andere wird angemalt – zuzüglich Kiste und Plastikeimer. Damit bin ich wochenlang beschäftigt."

„Beklag dich nicht", sagte Elisabeth. „Sei lieber froh, daß du Reitsachen hast, die angestrichen werden müssen!"

Hurra! Wir übernehmen den Reitstall!

Wir ritten viel und strichen wenig, und es sah fast so aus, als würden unsere Farbtöpfe nie leer. Aber nach vierzehn Tagen waren alle Reitsachen und alles Putzzeug mit verschiedenen Mustern in Dunkelblau und Weiß bemalt, der Stall blitzte, und alle Klubmitglieder waren zufrieden.

An dem Tag, nachdem wir die leeren Farbdosen in die Aschentonne geworfen hatten, stand ich gerade im Freien und striegelte Melissa, als Elisabeth heftig atmend dahergelaufen kam. Schon aus zwanzig Meter Entfernung rief sie mir zu: „Hurra!“

Ich starrte ihr verwundert entgegen. Hatte sie in der Lotterie gewonnen?

„Was ist los mit dir?“ rief ich zurück.

„Hurra! Hurra!“ schrie sie wieder.

Jetzt war sie nur mehr ein Stück von mir entfernt. Sie wirkte unerhört glücklich und aufgeregt.

„Hat dich eine giftige Pferdefliege gestochen?“ fragte ich.

„Hurra, hurra, hurra!“ fuhr sie fort und sank keuchend vor Melissa ins Gras. Ich ließ die Bürste fallen und setzte mich neben Elisabeth.

Sie saß still da, und ich ließ sie wieder zu Atem kommen. Als sie jedoch nach ein paar Minuten noch immer nicht mit der Sprache herausrückte, fragte ich: „Bist du plötzlich stumm geworden?“

„Nein“, erwiderte sie mit etwas unsicherer Stimme.

„Wärst du dann vielleicht so furchtbar liebenswürdig, mir zu verraten, warum du hurra geschrien hast? Hat jemand Geburtstag? Bekommen wir Kaffee und Torte?“

„Es ist etwas viel Besseres als Torte“, sagte Elisabeth.

„Ist es Eis und Schlagsahne?“ rief ich.

„Nein, es ist nichts zu essen. Und Geburtstag hat auch niemand“, sagte Elisabeth.

„Und du hast auch nicht den ersten Preis in der Lotterie gewonnen?“

„Nein.“

„Verrate mir jetzt endlich, was los ist!“ drängte ich.

„Das hätte ich schon längst getan, wenn du nicht dauernd über Torten und Eis und Geburtstage . . .“

„Warum hast du hurra geschrien?“ unterbrach ich sie, denn ich konnte es vor Neugier kaum mehr aushalten.

Ich sah, wie Elisabeth ein Lächeln unterdrückte.

Natürlich wollte sie mich auf die Folter spannen. Als ich nichts mehr sagte, sondern nur abwartend dasaß, räusperte sie sich endlich und erklärte: „Also, paß auf, ich habe hurra gerufen, weil Herr Erik in Urlaub fährt."

Herr Erik ist der Leiter von Aspens Reitschule, und ich mag ihn und seine Familie bestimmt gern – trotzdem konnte ich nicht begreifen, was an seinem Urlaub so überwältigend schön sein sollte.

„Warum freut dich das so? Hat er vielleicht hurra gerufen, als unsere Ferien anfingen?" fragte ich.

„Er fährt nach Wien", sagte Elisabeth.

„Soll ich deshalb in Freudengeheul ausbrechen?" erkundigte ich mich und wollte aufstehen.

„Merkst du nichts?" sagte Elisabeth und zog mich wieder ins Gras zurück. „Herr Erik fährt mit seiner Familie in Urlaub. Begreifst du, was das bedeutet?"

Ich schüttelte den Kopf.

„Das bedeutet", sagte Elisabeth langsam, „daß wir ganz allein in der Reitschule sein werden und uns um alles kümmern dürfen!"

„Hurra!" schrie ich.

„Na endlich ist dir ein Licht aufgegangen."

„Wie lange bleiben sie weg?" wollte ich wissen.

„Zwei Wochen."

„Und wann fahren sie?"

„Mitte Juli."

„Schon so bald?" rief ich. „Prima!"

Wenn man sich vorstellte, daß wir vierzehn Tage lang für alles verantwortlich sein würden – das war einfach herrlich! Natürlich gibt es in unserer Reitschule während des Sommers nicht sehr viel zu tun, weil keine Reitkurse abgehalten werden, aber die Pferde müssen immerhin versorgt und beaufsichtigt werden.

Ich malte mir gerade aus, was für herrliche Zeiten vor uns lagen, da kam mir plötzlich ein furchtbarer Gedanke. Rasch fragte ich Elisabeth: „Hat Herr Erik wirklich gesagt, daß wir uns ganz allein um die Pferde kümmern dürfen?"

„Klar hat er das, sonst hätte ich doch nicht hurra geschrien!" erwiderte sie ruhig. „Als ich ihn vor ein paar Minuten traf, hat er mich gefragt, ob wir bereit wären, ein Auge auf die Pferde und das Haus zu haben."

„Ein Auge darauf haben?" wiederholte ich. „Pah, wir werden Tag und Nacht mit Leib und Seele über alles wachen!"

„Wann willst du dann schlafen? Und wo?" fragte Elisabeth und stand auf.

„Wir könnten doch im Stall oder im Klubhaus übernachten, während Herr Erik in Urlaub ist", schlug ich vor. „Im Sommer sind die Nächte so warm."

„Darüber müssen wir mit Herrn Erik reden, ehe wir einen Beschluß fassen", antwortete Elisabeth.

„Und dann müssen wir noch unsere Eltern um Erlaubnis bitten", sagte ich. „Aber ich wüßte eigentlich nicht, warum sie uns verbieten sollten, im Reitstall zu schlafen. Wir sind ja keine Kinder mehr, wir können selbst auf uns aufpassen. Außerdem sind wir zu siebt. Und jetzt gehen wir sofort zu Herrn Erik und fragen ihn", schlug ich eifrig vor.

„Immer mit der Ruhe. Er will sich morgen abend mit uns im Klubraum treffen und uns sagen, was während seines Urlaubs alles zu tun ist."

„Weiß er, daß wir einen richtigen Klub gegründet haben?"

„Nein, ich glaube nicht", versetzte Elisabeth. „Aber das können wir ihm ja morgen sagen."

„Meinst du, daß alle kommen können?"

„Sie müssen einfach! Ich habe Karin und Lena schon alles

erzählt, als ich sie vorhin traf. Sie wären vor Freude beinahe in ein Indianergeheul ausgebrochen."

Ich dachte schon an etwas anderes. „Und was machen wir mit der Verpflegung?" fragte ich.

„Eins nach dem anderen", sagte Elisabeth auf ihre ruhige Art. „Jetzt gehe ich zum Stall zurück und sehe nach, ob die anderen schon gekommen sind."

Ich striegelte Melissa fertig, sattelte sie und ritt mit ihr zur Hindernisbahn. Mir schwirrte der Kopf vor Aufregung. Herrlich würde das sein, alle Pferde selbst zu versorgen! Aber was sollten wir tun, wenn ein heftiges Gewitter kam? Und konnte man den Tierarzt mitten in der Nacht anrufen, falls eines der Pferde plötzlich krank wurde? Welche Telefonnummer hatte er überhaupt? War der Zaun überall in Ordnung?

Wir sprangen über ein paar Hindernisse und ritten dann etwa zehn Minuten lang Dressur. Als ich wieder zum Stall kam, war der ganze Ponyklub dort versammelt. Alle redeten in höchster Lautstärke durcheinander. Ich sattelte Melissa rasch wieder ab und führte sie auf die Weide.

Sie machte ein paar leichte, geschmeidige Sprünge, als wollte sie zeigen, daß sie jetzt frei und ungebunden war. Dabei hielt sie den Kopf stolz erhoben und sah sich mit ihren klaren Augen um.

Ihr Schwanz, auf den ich wirklich besonders stolz bin, ist dick und glänzend und so lang, daß er fast den Boden berührt. Ich sah ihr zu, wie sie den Kopf senkte und zu grasen anfing.

Ich kam gerade rechtzeitig zurück, um Karins Vorschlag zu hören: „Wir malen den ganzen Stall blau und weiß an!"

„Bist du verrückt geworden? Weißt du, wieviel Farbe man dafür braucht? Du hast wohl keine Ahnung, was das kostet!" rief Lena.

„Wie können wir nur den Reitstall verschönern?" diskutierten die Mädchen

„Vielleicht könnten wir eine Grube für ein Schwimmbecken ausheben?" fragte Marianne.

„Das ist eine Reitschule und keine Badeanstalt", sagte Ingrid.

„Wir bauen eine Zuschauertribüne neben der Springbahn!" rief eine andere.

„Ruhe!" schrie Elisabeth dazwischen. Als endlich alle still waren, zeigte sich wieder einmal, daß sie die vernünftigste von uns allen ist. „Wenn Herr Erik diesen Blödsinn hören könnte, würde er bestimmt denken, daß wir nicht erwachsen genug sind, um den Reitstall zu übernehmen", erklärte sie. „Ich finde, wir sollten uns überhaupt noch nichts vornehmen, ehe wir mit Herrn Erik gesprochen haben. Und jetzt Schluß damit, verstanden?"

„Jawohl, Fräulein Vorsitzende", flüsterte ich.

Wer fürchtet sich schon vor Gespenstern?

Am nächsten Abend kurz vor sieben hatten wir uns im Klubraum versammelt und warteten auf Herrn Erik.

„Was gibt es in Wien eigentlich zu sehen?" erkundigte ich mich.

„Wiener Würstchen und Wiener Schnitzel natürlich", sagte Karin.

Alle lachten aus vollem Hals.

„Im Ernst", fragte Ingrid, „gibt es in Wien etwas, was mit Pferden zu tun hat?"

„Darauf kannst du dich verlassen!" versicherte Elisabeth. „In Wien ist die Spanische Hofreitschule, schon seit ein paar hundert Jahren. Und das ist die beste Reitschule der Welt. Die schneeweißen Lipizzanerhengste, die sie dort haben, sind geschmeidig und stark und wunderschön. Und die Reiter sind ganz große Klasse!"

„Woher weißt du das?" wollte Marianne wissen.

„Ich war vor zwei Jahren mit meinen Eltern in Wien. Wir sind mit dem Auto hingefahren", sagte Elisabeth.

„Erzähl uns davon!" baten wir sie im Chor.

Und Elisabeth erzählte: „Dort treten zwanzig Hengste gleichzeitig auf, und sie bewegen sich, als würden sie Ballett tanzen. Die ganze Vorstellung hat über eine Stunde gedauert, und die Pferde bewegten sich völlig einheitlich im Takt zur Musik. Alle Bewegungen werden mit unglaublicher Präzision ausgeführt. Manchmal hat man fast das Gefühl, als wären die Pferde nicht echt, so perfekt sieht alles aus." Elisabeths Augen blitzten vor Begeisterung. „Einer der Reitlehrer hat während der Vorstellung erzählt, daß die

Pferde eine angeborene Fähigkeit für diese Art von Kunstreiterei haben. Sie stammen aus der eigenen Zucht der Hofreitschule und haben Stammtafeln, die unglaublich weit zurückreichen."

Ein Hüsteln unterbrach Elisabeths Bericht. Wir drehten uns um – und da stand Herr Erik im Türrahmen und lächelte.

„Mir scheint, du weißt eine ganze Menge über die Spanische Hofreitschule, Elisabeth", sagte er.

Elisabeth wurde ein bißchen rot und schüttelte schüchtern den Kopf.

„Natürlich werde ich während meines Urlaubs auch die Hofreitschule besuchen", fuhr Herr Erik fort. „Ich bin schon früher dort gewesen und war immer wieder gleich stark von der Ruhe und Geschicklichkeit der Pferde und Reiter beeindruckt."

„Warum heißt es eigentlich Spanische Hofreitschule? Sie ist doch in Österreich", sagte ich.

„Weil die Urväter aller Lipizzaner-Hengste spanischen Blutes waren", erwiderte Herr Erik. „Ich verspreche, daß ich euch erzählen werde, wie es in der Hofreitschule war, wenn ich wieder hier bin."

„Prima, dann können wir ein Klubtreffen mit Vortrag veranstalten!" rief ich. „Wir haben nämlich einen Klub gegründet. Ponyklub heißt er."

„Na, da gratuliere ich euch! Natürlich halte ich gern einen Vortrag in eurem Klub und zeige euch auch Fotos von der Spanischen Hofreitschule. Aber jetzt müssen wir alles richtig regeln, damit ich in Urlaub fahren kann, sonst wird nichts aus der Veranstaltung. Ich bin euch sehr dankbar, daß ihr zwei Wochen lang die Verantwortung für die Pferde übernehmen wollt, und ich weiß auch, daß ihr euch gut um sie kümmern werdet. Ihr sollt das auch nicht umsonst tun.

Elisabeth, Anita und Marianne, ihr braucht für die Zeit meiner Abwesenheit keine Miete für die Pferde zu bezahlen. Und wer von euch ein eigenes Pferd hat, zahlt kein Kostgeld dafür. Seid ihr damit einverstanden?"

„Ja!" riefen wir alle.

„Dann ist das abgemacht", sagte Herr Erik. „Damit ihr beruhigt seid, hänge ich im Stall einen Zettel mit der Telefonnummer des Tierarztes und des Hufschmieds auf. Ihr könnt dort jederzeit anrufen, wenn etwas passieren sollte. Ich habe beiden Bescheid gegeben und gesagt, daß ich alles bezahlen werde, wenn ich zurückkomme. Ihr braucht euch also keine Sorgen zu machen. Wollt ihr sonst noch etwas wissen?"

Ein unsicheres Gemurmel erhob sich, bis Elisabeth das Wort ergriff. „Ja, wir möchten gern während der beiden Wochen in der Reitschule übernachten", sagte sie. „Erlauben Sie uns das?"

„Freilich", erwiderte Herr Erik und überlegte eine Weile. „Es geht sicher, wenn ihr versprecht, daß ihr keine anderen Mädchen oder Jungen mitbringt."

„Das tun wir bestimmt nicht, darauf können Sie sich verlassen", sagte Elisabeth.

„Dann ist es gut. Wo wollt ihr schlafen?"

„Hier im Klubraum", meinte Ingrid.

„Wird das nicht ziemlich eng? Ich glaube, es wäre besser, wenn ihr euer Nachtlager im Heuschober gegenüber der Springbahn aufschlagen würdet. Dort ist genug Platz für euch alle."

„Ja, da schlafen wir gern!" riefen wir.

Herr Erik nickte. „Aber versprecht mir, das Heu nicht zu verschmutzen und weder Saft noch Wasser zu verschütten, weil es sonst zu faulen anfangen könnte."

„Wir sind bestimmt vorsichtig", versicherten wir im Chor.

„Und ihr dürft auch keine Petroleumlampen oder Streichhölzer im Schuppen anzünden. Wenn ihr Licht braucht, nehmt Taschenlampen."

„Ja, natürlich!" sagten wir eifrig.

„Habt ihr eure Eltern schon gefragt, ob ihr in der Reitschule übernachten dürft?"

„Nein", erwiderte Elisabeth. „Wir wollten zuerst mit Ihnen sprechen, ehe wir zu Hause um Erlaubnis bitten."

Herr Erik lächelte. „Na, hoffen wir, daß eure Eltern nett sind und keine Einwände erheben. Wie wollt ihr euch übrigens verpflegen?"

„Das wissen wir noch nicht", antwortete ich. „Aber wir machen es wahrscheinlich so, daß jede von uns täglich zum Abendessen heimgeht. Morgens und mittags genügen uns Butterbrote und Obst. Im Sommer braucht man ohnehin nicht soviel warmes Essen."

„Ich kann euch draußen auf der Wiese über der Dressurbahn ein paar Steine zu einem Kreis legen", sagte Herr Erik. „Dort könnt ihr Würstchen braten. Aber achtet darauf, das Feuer jedesmal wieder richtig zu löschen, ehe ihr weggeht. Und wenn es windig ist, dürft ihr natürlich kein Feuer anmachen!"

„Das ist nett von Ihnen, vielen Dank, Herr Erik!" riefen wir.

„Ja, das wär's wohl für heute", sagte er, stand auf und ging zur Tür. „Und vergeßt nicht, mir Bescheid zu geben, ob ihr im Heu übernachten dürft oder nicht. Tschüs, Mädels!"

„Tschüs, Herr Erik, und vielen Dank!" riefen wir ihm nach.

„Ich finde, wir sollten jetzt schnell nach Hause gehen und unseren Eltern erklären, wie nützlich und notwendig es ist, vierzehn Tage lang für uns selbst zu sorgen", schlug Elisabeth vor. „Wir wollen uns gegenseitig die Daumen halten!"

Alle nickten entschlossen, und wir verabredeten uns für den nächsten Tag um neun Uhr im Stall.

Zu Hause blieb ich gleich im Flur sitzen und zog langsam meine Reitstiefel aus. Mir ging so vieles durch den Kopf, daß ich ganz in Gedanken versunken war und richtig erschrak, als ich plötzlich eine Stimme sagen hörte: „Na so was, die ist nicht ganz richtig im Kopf! Sitzt mit geschlossenen Augen auf dem Schuhschränkchen und stinkt nach Stall und Pferdemist!"

Mein Bruder Michael stand in der Küchentür und grinste mich herausfordernd an.

Ich zerrte schnell meinen linken Stiefel vom Fuß und tat so, als wollte ich damit nach ihm werfen. Da versteckte er sich lachend hinter der Tür. In diesem Augenblick tauchte meine Mutter auf und fragte, was los wäre, und sowohl Michael als auch ich antworteten wie immer: „Gar nichts."

Mama schüttelte den Kopf, lächelte und sagte: „Ich möchte wissen, ob ihr jemals aufhören werdet, euch zu hänseln."

Ich fand es am besten, gleich auf die Sache zu sprechen zu kommen, die mir momentan am wichtigsten war. Deshalb erzählte ich meiner Mutter von Herrn Eriks Urlaub, daß wir uns um alles kümmern dürften und dafür freie Verpflegung für unsere Pferde bekämen. „Und Herr Erik hat uns versprochen, daß wir im Heuschober übernachten dürfen, während er fort ist. Das erlaubst du mir doch, Mami?" fragte ich mit meiner reizendsten Stimme.

„Bekommen die anderen Mädchen auch die Erlaubnis dazu?" fragte meine Mutter.

„Ganz bestimmt!" versicherte ich. „Darf ich? Es ist doch genauso, als wäre ich in einem Reitlager!"

„Ich weiß nicht! In einem Reitlager sind Erwachsene zur Aufsicht da. Aber hier seid ihr ganz allein . . ."

„Der Schuppen ist nur zehn Minuten von hier entfernt!“ rief ich.

Meine Mutter schwieg eine Zeitlang. Dann sagte sie: „Wenn du mir versprichst, daß du jeden Tag einmal zum Essen nach Hause kommst, und wenn die anderen Mädchen auch in der Reitschule übernachten dürfen, dann meinetwegen.“

Ich wäre vor Freude fast an die Decke gesprungen!

„Du bist die beste Mutter der Welt!“ rief ich.

Es geschehen noch Zeichen und Wunder!

Alle bekamen die Erlaubnis, im Heuschober zu übernachten. Wir brachten vor Glück kaum ein vernünftiges Wort heraus, als wir uns am nächsten Tag im Stall trafen und feststellten, daß wir nun vierzehn Tage und Nächte gemeinsam verbringen durften. Natürlich ging ich auch zu Melissa und erzählte ihr alles. Dabei streichelte ich ihre weichen Nüstern, und sie wieherte zufrieden. Was für ein kluges Pferd Melissa doch ist! Sie sah mich voll Zuneigung an, und in ihren schönen großen Augen stand ein erwartungsvoller Schimmer.

Wir sattelten unsere Pferde; Ingrid, Lena, Elisabeth und ich ritten auf die Wiese neben der Geländebahn, die anderen machten sich zu den Hindernissen auf.

Ich ließ Melissa ein paar Minuten lang galoppieren. Sie war sichtlich froh, ihre überschüssigen Kräfte loszuwerden, und genoß das Gefühl von Geschwindigkeit und Freiheit, das man bei jedem guten Galopp verspürt, ebensosehr wie ich.

Mittags versammelten wir uns wieder vor dem Stall und ließen die Pferde auf der Koppel frei. Ich wollte heute schon früher wieder zu Hause sein, weil ich mir vorgenommen hatte, meine Pferdedecke mit dunkelblauen und weißen

Stoffstücken zu besetzen. Tatsächlich arbeitete ich den ganzen Nachmittag mit Feuereifer daran.

Gegen Abend war ich endlich fertig und beschloß, auch noch den alten Schlafsack zu flicken, den ich mit in die Reitschule nehmen wollte. Ich hatte eben den ersten Riß zugenäht, als sich plötzlich die Tür auftat und Michael ins Zimmer kam. Ich sah ihm schon an der Nasenspitze an, daß er mich wieder einmal ärgern wollte.

„Ihr werdet vor Angst an allen Gliedern schlottern", begann er.

„Angst? Wieso?" fragte ich.

„Mädels", sagte er in mitleidigem Ton.

„Und was ist mit uns nicht in Ordnung?" fragte ich möglichst ruhig.

„Ihr seid furchtbare Angsthasen."

„Ihr werdet vor Angst an allen Gliedern schlottern", hänselte Michael seine Schwester

„Wir sind auch nicht ängstlicher als Jungs!"

„Klar seid ihr das. Ihr werdet euch nachts im Heuschober so graulen, daß ihr alle miteinander einen Herzschlag bekommt", sagte er.

„Mach dich aus dem Staub!" empfahl ich ihm. „Verschwinde, sonst nähe ich dir den Mund zu!"

„Wag es bloß nicht, Kleine!" sagte er mit jener überlegenen Stimme, die mich immer zur Weißglut treibt.

Ich biß die Zähne zusammen, zählte innerlich bis zehn und spürte, wie meine Wut sich legte. Michael stand ein paar Minuten still da und wartete.

Als ich ihm keine Antwort gab, fing er wieder an: „Ihr werdet euch im Dunkeln so fürchten, daß ihr nicht mehr wißt, wie ihr heißt."

„Wir haben keine Angst", erwiderte ich ruhig.

„Ich könnte wetten", fuhr er fort, „daß ihr schon in der ersten Nacht zu Mami heimgelaufen kommt, weil ihr im ganzen Heuschober Gespenster seht."

„Es gibt keine Gespenster!" sagte ich mit Festigkeit und stach mich mit der Nadel in den Daumen.

„Das kannst du leicht sagen, wenn du sicher hier in der Wohnung sitzt", erwiderte Michael. „Aber wart nur ab, was passiert, wenn du mit deinen Freundinnen im Heu liegst. Dann glaubst du bestimmt an Gespenster. Du wirst sie in allen Ecken herumspuken sehen!"

„Ich fürchte mich nicht im Dunkeln und die anderen genausowenig."

Michael machte ein überlegenes Gesicht. „Das werden wir schon sehen."

Ich stand auf. „Komm bloß nicht auf dumme Gedanken!" warnte ich ihn. „Wenn du dich nachts als Gespenst verkleidest und versuchst, uns zu erschrecken, dann kann ich dir nur versichern, daß wir für so einen Spaß kein Verständnis haben. Das würden wir dir heimzahlen, darauf kannst du dich verlassen!"

„Du glaubst doch wohl nicht, daß ich mit etwas so Ernstem wie Spuk und Gespenstern spaßen würde?" Michael grinste scheinheilig, ging in die Küche und strich sich ein Butterbrot.

Der Spuk beginnt

Die Zeit verging im Schneckentempo, aber endlich war es soweit: Herr Erik reiste mit seiner Familie ab, und der Ponyklub konnte die Verantwortung für Aspens Reitschule übernehmen. Alles begann ruhig und friedlich. Es war herrlich, im Heu zu schlafen. Und wir sahen kein einziges Gespenst.

Alle aßen täglich bei ihren Eltern zu Abend. Und jede von uns hatte Verpflegungsgeld bekommen, damit wir Lebensmittel fürs Frühstück und Mittagessen kaufen konnten. Es war natürlich keine ausgesprochen gesunde Nahrung, die wir zu uns nahmen, aber sie schmeckte uns großartig – vor allem, wenn wir draußen im Freien aßen. Wir lebten hauptsächlich von Würstchen, Butterbroten, Saft und Semmeln.

Jeden Tag ritten wir, kümmerten uns um die Pferde und hatten eine Menge Spaß.

Alles war sehr idyllisch. Wir verstanden uns gut, und es gab nicht einmal Streit. Die Pferde waren nett, wir waren es ebenfalls. Das Wetter war warm. Alles war wunderbar. Und es zeigten sich weder lästige Jungs noch Gespenster.

Dieser herrliche Zustand dauerte einen Tag, zwei Tage, drei und vier Tage lang.

Aber dann geschah etwas ...

In der fünften Nacht fing es an.

In dieser Nacht herrschte ungewöhnliche Dunkelheit. Dicke Wolken verdeckten den Mond, und die Luft war schwül.

„Bestimmt kommt bald ein Gewitter“, sagte ich, als wir in unsere Schlafsäcke krochen.

„Es müßte schon ganz gewaltig donnern, wenn ich davon aufwachen soll“, sagte Anita. „Ich bin nämlich so hundemüde, daß ich sicher wie ein Stein schlafe.“

Die anderen murmelten zustimmend.

„Gute Nacht allerseits“, sagte Elisabeth. „Macht fest die Augen zu, dann seht ihr nicht, wie es blitzt.“

„Gute Nacht“, erwiderten sechs Stimmen im Chor.

Ich habe eigentlich keine besondere Angst vor Gewittern, aber ich sehe auch nicht gerade gern, wie es blitzt. So legte ich mich auf die Seite und zog mir den Schlafsack über den Kopf.

Ich weiß nicht, wie lange ich geschlafen hatte, als ich plötzlich erwachte.

Ein Geräusch hatte mich geweckt.

Ich lag unbeweglich da und wartete. War es nur das Gewitter gewesen, oder hatte ich geträumt? Nein, das Gewitter konnte es nicht sein.

Es war kein Donnern gewesen, sondern ein anderes Geräusch – eine Art Klopfen.

Hatte außer mir noch jemand etwas gehört? Ich hob den Kopf, um festzustellen, ob eines der anderen Mädchen wach war, doch sie schienen alle zu schlafen.

Wahrscheinlich habe ich nur geträumt, dachte ich, legte mich wieder zurück und schloß die Augen.

Da – wieder ein Geräusch! Ja, es klang genau wie vorher: ein Klopfen.

Vor Angst wurde mir eiskalt, und ich bekam eine Gänsehaut.

Wer klopfte da?

Ich versuchte zu flüstern, aber meine Kehle war wie zugeschnürt, und ich brachte keinen Ton heraus.

Vorsichtig stützte ich mich auf die Ellbogen und setzte mich auf. Es war kohlrabenschwarz um mich. Aber nach einer Weile hatten sich meine Augen an die Dunkelheit gewöhnt, und ich sah, daß Lena, die neben mir lag, ebenfalls wach war.

„Hast du das gehört?“ wisperte sie.

Ich nickte nur, und auch Lena versank wieder in Schweigen. Man hörte keinen Laut.

Es war unheimlich still . . .

Plötzlich wurde die Ruhe von einem widerlichen Scharren unterbrochen. Es schien von dem kleinen Fenster her zu kommen und klang wie Tierkrallen, die auf Blech kratzten.

Mein Herz klopfte wild. Ich wollte die Augen schließen, doch es gelang mir nicht. Ich konnte nur wie gebannt auf das Fenster starren. Fuhr da nicht eine grüne, schleimige Hand über die staubige Scheibe?

Ich öffnete den Mund, um die anderen zu wecken. Doch ehe ich etwas sagen konnte, hörte das Scharren auf – und statt dessen erklangen schwere, dumpfe Schläge, als würde eine Riesenfaust gegen die Wand poltern.

Da schrie ich!

Es war ein langer, gellender Schrei, der die ganze Hütte erfüllte. Schlagartig fuhren alle aus ihren Schlafsäcken hoch. Elisabeth zischte: „Seid still!“

Ich streckte die Hand aus und umklammerte Lenas Arm.

„Hat eine von euch das Scharren und Klopfen nicht gehört?“ wisperte Elisabeth.

„Nein“, kam es flüsternd aus dem Heu.

„Wart ihr alle wach?“ fragte ich ängstlich.

„Das ist doch klar, daß man aufwacht, wenn es spukt“, piepste Marianne und kicherte nervös.

Als sie „spukt“ sagte, schauderten wir alle; ein paar seufzten angstvoll.

„Es gibt keine Gespenster“, sagte Elisabeth nach einer Pause.

„Woher weißt du das?“ fragte Ingrid aufgebracht.

„Nur keine Aufregung“, murmelte Elisabeth.

„Geh hinaus und sieh nach, was da so gescharrt und gepoltert hat, wenn du soviel Mut hast“, sagte Karin. „Ich bleibe jedenfalls hier.“

„Ich glaube, ich habe etwas Klebriges, widerlich Grünes vor dem Fenster gesehen und dabei dieses Scharren gehört“, sagte Marianne und kicherte wieder.

„Pst!“ zischte Elisabeth.

Jemand fing zu schluchzen an; ich konnte nicht erkennen, wer es war.

„Ich glaube, ich verschwinde jetzt nach Hause“, sagte ich und wollte mich aufsetzen, fand jedoch keinen Halt im Heu, fiel um und blieb direkt neben Lena liegen.

„Bestimmt kam das Geräusch nur von einem Tier oder einem Vogel“, meinte Elisabeth. Man merkte, wie sehr sie sich anstrengte, ruhig zu erscheinen. „Oder vielleicht hat jamand versucht, uns einen Schrecken einzujagen.“

„Wer könnte das gewesen sein?“ fragte Anita mit zitternder Stimma.

Und da fiel mir etwas ein!

„Vielleicht waren es mein Bruder Michael und seine Freunde!“ sagte ich. „Er hat erst kürzlich davon gefaselt, daß wir nicht hier im Heuschober übernachten sollen, weil wir uns bestimmt im Dunkeln fürchten.“

„Typisch“, brummte Lena.

„Genau", sagte Elisabeth. „Jetzt haben sie sich wahrscheinlich draußen hinter einem Busch versteckt und warten darauf, daß wir völlig verschreckt aus der Scheune kommen, damit sie uns auslachen können."

„Und dann müssen wir bis in alle Ewigkeit hören, daß wir uns wie kleine Kinder vor Gespenstern fürchten", fügte ich richtig wütend hinzu.

Ein zorniges Gemurmel erhob sich, und etliche meinten, daß wir uns rächen sollten, bis Elisabeth sagte: „Paßt auf, jetzt schlafen wir wieder weiter. Und wenn wir noch etwas hören, kümmern wir uns einfach nicht darum."

Und falls Michael und seine Freunde morgen anspaziert kommen und fragen, ob wir gut geschlafen hätten, sagen wir nichts davon, daß wir aufgewacht sind", fügte ich hinzu. „Wir erwähnen den Spuk mit keinem Wort."

Michael sorgt für eine Überraschung

Melissas Laune wechselt ziemlich häufig; manchmal ist sie froh und munter, dann wieder verdrossen und griesgrämig. Ihre schlechte Stimmung zeigt sich vor allem morgens. Wenn sie mürrisch ist, steht sie in ihrer Box und dreht sich überhaupt nicht um, wenn ich komme. Sie tut so, als würde sie mich nicht sehen. Meistens ist es dann gar nicht so einfach, sie aus dem Stall zu bekommen.

Am Morgen nach der Spuknacht war sie jedenfalls bester Laune, als ich die Koppel erreichte. Sie drängte sich dicht an mich, zupfte spielerisch an meinen Haaren und wieherte zufrieden.

Ich wühlte in ihrer Mähne, streichelte sie und sagte: „Hallo, mein Mädel. Hast du schon auf mich gewartet?"

Melissa wandte den Kopf um, sah mich mit ihren großen, klugen Augen an – und nickte. Mir wurde ganz warm ums Herz. So geht es mir jedesmal, wenn Melissa mich so treu ansieht und auf meine Fragen antwortet.

„Was tun wir heute?“ rief Karin in diesem Augenblick. Sie hatte Munter bereits gesattelt.

„Wir machen ein paar Springübungen, jeder für sich, und dann bringen wir die Bahn in Ordnung“, rief Ingrid zurück.

Wir ritten eine halbe Stunde. Einige blieben auf der Hindernisbahn, ein Teil ritt im Trab über die Seitenwege, und Elisabeth trainierte mit mir zusammen auf der Geländebahn. Anschließend frühstückten wir mit Saft und Buttersemmeln und überlegten, was wir den Tag über anfangen wollten.

„Ich finde, wir sollten heute die Springbahn säubern“, sagte Ingrid noch einmal. „Die Hindernisse müssen endlich mit Wasser und Seife abgebürstet werden, sie sind völlig verschmutzt.“

„Wenn die Bahn sauber ist, könnten wir eigentlich ein Turnier abhalten“, schlug Marianne vor.

„Ja, aber vorher brauchen wir noch etwas Übung“, erwiderte Elisabeth. „Zuerst bringen wir die Bahn in Ordnung, dann üben wir, und in ein paar Tagen halten wir dann das Turnier ab.“

„Mit Zuschauern?“ fragte Ingrid ein wenig ängstlich.

„Darüber müssen wir abstimmen“, sagte Elisabeth. „Alle, die dafür sind, daß das erste Turnier des Ponyklubs vor Zuschauern stattfindet, heben die Hand.“

Niemand meldete sich.

„Dann halten wir das Turnier also ohne Zuschauer ab“, stellte Elisabeth fest.

„Das wird unsere erste Klubmeisterschaft“, sagte Lena nachdenklich. „sollten wir nicht auch Preise verteilen?“

„Ja!“ riefen wir alle. „Wir müssen Preise aussetzen. Einen ersten, zweiten und dritten Preis im Springturnier des Ponyklubs!“

„Ruhe!“ rief Elisabeth. „Als Vorsitzende schlage ich vor, daß wir erst einmal die Bahn und die Hindernisse säubern. Wenn wir vom Abendessen zurückkommen, können wir uns über die Preise und alles übrige unterhalten. Und jetzt machen wir uns an die Arbeit!“

Die ganze Reitschule sollte vor Sauberkeit glänzen

Wir holten Eimer, Seifen und Bürsten und scheuerten die Stangen der Hindernisse ab. Sie waren tatsächlich alle voller Schmutz und Lehm. In der Werkzeughütte fand Marianne noch ein paar Dosen mit Farbresten. Damit strichen wir die Balken, die am abgenutztesten aussahen, mit roter, grüner und weißer Farbe an.

Zum Mittagessen gab es gebratene Würstchen mit Brot; dann trainierten wir ein bißchen und fuhren anschließend mit unseren Fahrrädern zum Wald hinauf, um nach den Pferden zu sehen, die dort auf den Weiden grasten. Sie wirkten alle frisch und vergnügt und genossen ihre Sommerferien offensichtlich genauso wie wir.

Auf dem Rückweg zur Reitschule hielten wir immer wieder an, um die Koppelzäune zu überprüfen. Wenn nur einer der Zaunpfähle locker war und umstürzte, konnte es passieren, daß ein Pferd freikam und auf unerlaubte Abenteuer ging.

Zu Hause beim Abendessen war ich hungrig wie ein Wolf, und das Beefsteak mit Röstkartoffeln schmeckte mir herrlich.

„Von der Arbeit mit den Pferden bekommt man anscheinend großen Appetit“, sagte Mama lachend.

„Mmmmmm“, erwiderte ich nur – etwas anderes brachte ich nicht heraus, weil ich den Mund voll hatte.

Ich kaute langsam und wunderte mich darüber, daß es heute so ungewöhnlich still am Eßtisch war. Vater machte Überstunden; aber da er während des Essens sowieso kaum sprach, merkte man seine Abwesenheit eigentlich nicht sehr. Doch die Person, die sonst unaufhörlich dummes Zeug daherschwatzt – damit meine ich natürlich meinen Bruder Michael –, war ebenfalls nicht da.

Er liegt wahrscheinlich im Bett und ruht sich von seiner Geisterei aus, dachte ich. Bestimmt war er müde nach all dem Blödsinn. Eine Abreibung hätte ihm wirklich nicht geschadet; aber nachdem wir uns entschlossen hatten, uns nichts anmerken zu lassen, mußte ich mich leider beherrschen. „Wo ist eigentlich Michael?“ fragte ich. „Ißt er heute nicht zu Abend?“

„Nein“, erwiderte Mama und stellte eine Schale Zitronencreme vor mich hin. „Michael ist nicht zu Hause.“

„Wo ist er denn?“

„Bei einem Freund. Gestern ist er schon weggefahren.“

„Gefahren?“ wiederholte ich.

„Ja, mit dem Zug. Ein Schulfreund hat ihn und noch ein paar Jungen in das Sommerhaus seiner Eltern eingeladen.“

Ich starrte wie betäubt vor mich hin und fragte entsetzt: „War Michael gestern abend nicht daheim?“

„Nein“, antwortete Mama. „Er und seine Freunde sind schon am frühen Nachmittag losgefahren.“

Ein kalter Schauder lief mir über den Rücken.

„Was ist mit dir, Kiki, was beunruhigt dich?“ fragte meine Mutter. „Du siehst ja aus, als hättest du am hellen Tag ein Gespenst gesehen!“

„Nein ...“, sagte ich leise und konzentrierte mich auf meine Zitronencreme. „Es ist nichts Besonderes.“

Ich machte mir noch rasch ein paar Butterbrote für den nächsten Tag zurecht und beeilte mich, Mamas besorgten Blicken zu entkommen.

Langsam radelte ich zum Reitstall zurück.

Was sollte ich tun? Sollte ich den anderen erzählen, daß Michael und seine Freunde weggefahren waren? Oder verschwieg ich es ihnen besser, um sie nicht unnötig zu erschrecken?

Ich entschloß mich, nichts zu sagen.

Aber natürlich konnte ich es nicht für mich behalten. Als wir die Pferde getränkt hatten und die Dunkelheit anbrach,

Ob ich den anderen erzählen soll, daß Michael nicht der Spukgeist ist? überlegte Kiki

setzten wir uns in den Klubraum und machten Pläne für das Springturnier. Mit einem Male platzte ich damit heraus und sagte ihnen alles – daß Michael und seine Freunde verreist waren und daß sie folglich letzte Nacht nicht gespukt haben konnten.

„Dann war's vielleicht ein richtiges Gespenst", sagte Anita leise.

„Es gibt keine Gespenster“, erwiderte Marianne, aber ihre Stimme zitterte so, daß sie richtig schaurig klang.

„Ach“, meinte Elisabeth, „wenn’s nicht Michael und seine Freunde waren, können es doch ein paar andere Lümmel gewesen sein, die uns einen Schrecken einjagen wollten.“

„Und welche Lümmel?“ fragte Karin.

„Ich kenne nicht alle Jungs, die hier in Aspen wohnen“, brummte Elisabeth gereizt. „Bestimmt wissen eine Menge Leute, daß wir hier im Heuschober übernachten.“

Jede stieß nun die Namen von Jungen hervor, die gespukt haben konnten, und wir hätten vermutlich bis in alle Ewigkeit dagesessen und Namen heruntergeleiert, wenn Anita nicht plötzlich den Vorschlag gemacht hätte, schlafen zu gehen.

„Ja, auf in den Heuschober!“ meinte auch Ingrid. „Vor dem Einschlafen können wir uns immer noch über das Turnier unterhalten und überlegen, welche Preise wir aussetzen wollen.“

Diesem Vorschlag stimmten wir alle zu. Und ich war bestimmt nicht die einzige, die froh darüber war, daß wir so lange über das Springturnier und die Preise sprechen konnten, bis uns die Augen zufielen. Das bewahrte uns wenigstens davor, über den Spuk nachzudenken.

Das Gespenst kommt zurück

Ich dachte zuerst, ich hätte etwas Furchtbares geträumt. Doch im nächsten Augenblick begriff ich, daß es Wirklichkeit war – denn nun war ich wach und spürte wieder, wie eine feuchte, kalte Hand meine Stirn berührte!

Ich erschrak so, daß ich aufspringen und davonlaufen

wollte. Doch meine Füße gehorchten mir nicht. Ich lag wie gelähmt da, unfähig, mich zu rühren.

Jetzt sterbe ich vor Schreck! dachte ich.

Das einzige Geräusch, das ich hörte, war das wilde Klopfen meines eigenen Herzens – und die ganze Zeit fühlte ich den Druck der feuchten Hand gegen meine Stirn. Ich wagte den Kopf nicht zu bewegen, um nachzusehen, zu welchem Ungeheuer diese Hand gehörte.

Dabei war ich überzeugt, daß es nur noch Sekunden dauern konnte, bis die Hand zu meinem Hals hinunterglitt, um mich zu erwürgen!

Die Sekunden verrannen. Starr vor Schreck blieb ich liegen und wartete darauf, daß etwas Entsetzliches geschehen würde . . . und da passierte es!

Die kalte, feuchte Hand löste sich von meiner Stirn; im nächsten Moment wurde ich am Ohr gezupft und hörte eine Stimme flüstern: „Kiki, bist du wach?"

Ich erkannte die Stimme wieder. Sie gehörte keinem Ungeheuer; es sei denn, Karin hatte sich verkleidet. Denn es war ihre Stimme.

Langsam wandte ich mich um und schaute mit halbgeschlossenen Augen zum Schlafsack hinüber, der neben dem meinen lag.

Karin hatte sich auf den Ellbogen gestützt und den anderen Arm nach mir ausgestreckt.

„Bist du wach?" flüsterte sie wieder.

„Bist du verrückt geworden?" zischte ich und merkte, wie sich meine Angst in Wut verwandelte. „Du hast mich fast zu Tode erschreckt!"

Ich holte tief Luft und wollte ihr gerade einen Vortrag darüber halten, wie kindisch und dumm sie sich benommen hatte, doch ehe ich noch ein Wort herausbringen konnte, machte sie „Pst!" und deutete zum Fenster hin.

Als ich den Kopf hob und ihrem Zeigefinger mit dem Blick folgte, verschwand meine Wut im Handumdrehen, und die Furcht kam mit Blitzgeschwindigkeit zurück. Denn dort hinter der Fensterscheibe zeigte sich ein langer, bleicher Arm mit gespreizten grünen Fingern.

Der Arm bewegte sich langsam vor und zurück, und die Hand öffnete und schloß sich im Takt.

Es war, als würde sie uns auf eine gräßlich lockende Weise zuwinken.

Der weiße Arm rührte sich lautlos; im Schuppen war es völlig still. Doch plötzlich erklang wieder ein grausiger, greller Schrei, und ich warf mich ins Heu zurück und verbarg mein Gesicht in den Händen.

Der schrille Schrei hallte vom Dachgebälk wider. Ich bekam fast Lust, selbst zu schreien. Doch da hörte ich eine kräftige Stimme rufen: „Ruhe!“

Ich zog die Hände vom Gesicht, wagte jedoch nicht, mich aufzusetzen. Ich streckte nur den Arm aus, ergriff Karins Hand und umklammerte sie fest.

Was würde jetzt geschehen?

Ein paar Sekunden herrschte Totenstille; dann raschelte es im Heu, und jemand hustete leise. Alle lauschten – und dann hörten wir Elisabeths Stimme.

„Wir müssen uns ganz still verhalten und dürfen nicht schreien.“

„Wer hat vorher geschrien?“ wisperte ich.

„Ich war das“, antwortete Anita schluchzend.

„Und wer hat ‚Ruhe‘ gerufen?“ wollte ich wissen.

„Ich“, sagte Elisabeth. „Wenn einer von uns zu schreien anfängt, dann kreischen wir bald alle gemeinsam los und fürchten uns so, daß wir völlig durchdrehen.“

„Was sollen wir nur machen?“ Ingrid streckte einen zitternden Finger gegen das Fenster aus.

Der lange, gespenstische Arm bewegte sich noch immer vor der Scheibe hin und her. Etwas Weißes umflatterte ihn, und die gespreizten Finger leuchteten grün.

„Ich will nach Hause!" weinte Anita.

„Der Weg führt am Fenster vorbei", erwiderte Elisabeth.

Dann sagte lange Zeit niemand ein Wort.

Ich starrte auf den scheußlichen Arm und die drohend gekrümmten Finger. Wie lange würde dieser Spuk noch dauern?

„Es ist zwei Uhr", sagte Elisabeth mit durchdringendem Flüstern. „In ungefähr einer Stunde geht die Sonne auf. Dann können wir hinausschleichen und einen Blick auf das Gespenst werfen, falls es noch da ist."

Ich konnte nicht begreifen, wie sie es fertigbrachte, so ruhig zu sprechen. Ich selbst brachte kein einziges Wort heraus, weil meine Zähne vor Schreck aufeinanderschlugen. Ich warf Karin einen Blick zu. Sie sah ebenfalls alles andere als mutig aus. Ja, ihr Gesicht leuchtete richtig weiß in der Dunkelheit.

„Eigentlich gibt es doch gar keinen Grund, sich vor dem Gespenst zu fürchten, solange es vor dem Fenster herumspukt", fuhr Elisabeth fort. „In einer Stunde ist es sicher verschwunden, denn bis jetzt hat man doch noch nie davon gehört, daß Gespenster bei Tageslicht auftauchen, oder?"

Keiner antwortete.

Alle starrten wie gebannt auf die Hand, deren grünschimmernde Finger nach etwas Unsichtbarem zu greifen schienen.

„Wenn wir noch lange hier sitzen und auf diese greuliche Hand starren müssen, kriege ich einen Schock fürs ganze Leben", sagte Ingrid.

„Wir können uns gegenseitig ansehen und laut und langsam zählen", schlug Elisabeth vor. „Und jedesmal, wenn wir bis hundert gezählt haben, können wir nachsehen, ob die Hand noch immer da ist oder ob die Sonne schon aufgeht. Jetzt fangen wir an: eins, zwei, drei . . ."

Unsere Stimmen klangen anfangs dünn und unsicher, doch als wir zum erstenmal bis hundert gezählt, einen hastigen Blick zum Fenster geworfen hatten und den Arm noch immer hin und her schwingen sahen, wurde es ein wenig besser. Und plötzlich zählten wir so gleichmäßig und rhythmisch, daß wir den Spuk beinahe vergaßen.

Als wir zum viertenmal bis hundert gezählt hatte, erhob sich Elisabeth und sagte: „Die Sonne geht auf!"

Alle sahen zum Fenster. Die Sonne glänzte in der Scheibe – und der Geisterarm war fort!

„Kommt, wir schleichen uns hinaus und sehen nach, ob das Gespenst Spuren hinterlassen hat", rief Karin, die plötzlich gar nicht mehr blaß war.

„Mut ist manchmal das gleiche wie Dummheit", sagte Anita vorsichtig. „Ich bleibe in der Scheune."

„Ich glaube, ich verschwinde jetzt nach Hause und schlafe in meinem Bett", murmelte Marianne.

„Ich auch!" erklang es tief im Heu.

„Ich will auch heim", sagte eine andere.

„Das ist wirklich das Dümmste, was ich je gehört habe", meinte Elisabeth. „Ist euch denn nicht klar, daß ihr ausgelacht werdet, wenn ihr um drei Uhr morgens nach Hause kommt und behauptet, daß ihr ein Gespenst gesehen habt? Eure Eltern werden euch wie Kleinkinder behandeln, und bestimmt dürft ihr jahrelang nur mehr daheim übernachten, wenn ihr jetzt davonlauft und eine wilde Geschichte von einem weißen Arm mit grünen Fingern erzählt. Und was wird Herr Erik sagen, wenn er hört, daß die Mädchen vom Ponyklub sich im Dunkeln so gefürchtet haben, daß sie nach Hause gelaufen sind?"

Beschämtes Schweigen breitete sich im Heuschober aus.

„Aber“, sagte Marianne nach ein paar Minuten zweifelnd, „wir haben doch wirklich ein Gespenst gesehen. Das haben wir uns ja nicht bloß eingebildet!“

„Bestimmt wird uns das keiner glauben“, sagte ich. „Wir werden sicher nur ausgelacht, Elisabeth hat recht.“

„Und was sollen wir jetzt tun?“ fragte Anita.

„Wenn es wirklich nur ein paar Jungs waren, könnten wir vielleicht auf irgendeine Weise versuchen, sie zu erwischen.“

„Und wenn es nicht nur ein dummer Spaß ist?“ unterbrach sie Lena.

Eine Zeitlang war es still; dann sagte Elisabeth: „Warum sollte hier ein richtiges Gespenst umgehen? Und gerade vor unserem Fenster?“

„Ja, das ist das Geheimnisvolle an der Sache“, fügte ich hinzu. „Bis jetzt hat noch nie jemand behauptet, daß es im Heuschober spukt. Aber kaum schlafen wir hier, geistert es plötzlich jede Nacht. Warum?“

Alle sahen besorgt und nachdenklich aus.

„Am besten schlafen wir jetzt noch etwas“, meinte Elisabeth schließlich. „Mit ein paar Stunden Schlaf können wir bestimmt klarer denken; vielleicht fällt uns dann ein, wie wir dieses Gespenst richtig erschrecken könnten.“

Die Sonne schien hell durch das staubige kleine Fenster, und plötzlich kam uns der ganze Spuk unwirklich vor. Aber es war ja wirklich geschehen! Während ich in meinem Schlafsack lag und nachdachte, wie wir an dem Nachtgespenst Rache nehmen könnten, spürte ich, wie mich die Müdigkeit überkam – und plötzlich war ich eingeschlafen.

Der Ponyklub stellt eine Falle

Ich erwachte von einem wahnsinnigen Kitzeln unter der Nase. Als ich die Augen öffnete, stand Elisabeth neben mir und fuhr mir mit einem Strohhalm über das Gesicht.

„Paß nur auf“, murmelte ich, „daß ich dir heute abend nicht ein paar Ameisen in den Schlafsack stecke!“

„Wag es bloß nicht!“ sagte sie und lachte.

„Klar wage ich es“, versicherte ich und richtete mich auf. „Ich habe keine Angst.“

„Bei Tageslicht sind wir alle tapfer.“ Plötzlich sah Elisabeth ernst aus. „Es ist viel schwieriger, bei Dunkelheit Mut zu haben.“

Ich ging in den kleinen Waschraum hinaus und fragte: „Was wollen wir eigentlich gegen den Spuk unternehmen?“

„Darüber reden wir am besten gemeinsam beim Frühstück“, antwortete sie und machte sich daran, die anderen Mädchen zu wecken, die noch schliefen.

Ich tauchte das Gesicht ins kalte Wasser. Eigentlich finde ich das Waschen morgens immer scheußlich, aber kaltes Wasser ist das einzige, wovon ich richtig wach werde. Und ich halte es für Zeitverschwendung, im Halbschlaf herumzuspazieren, wenn man Ferien hat und mit den Menschen und Tieren beisammen sein kann, die man am liebsten mag.

Natürlich mußte ich dann zur Koppel laufen und Melissa begrüßen. Sie kam gleich zu mir herüber, und ich bewunderte wie immer die reinen, schönen Linien ihres Körpers und ihre anmutige Haltung. Als Melissa ganz dicht bei mir war, blieb sie stehen, legte den Kopf schief und sah mich aus halbgeschlossenen Augen erwartungsvoll an. Doch ich kitzelte sie nur unter der Nase und sagte tröstend: „Nein, heute wird nichts aus unserem Morgenritt. Aber in einer Stunde komme ich zurück, dann trainieren wir ein bißchen. Friß jetzt schön, damit du vor dem Turnier richtig üben kannst."

Auf dem Weg zum Heuschober traf ich Ingrid und Anita, die einen Schubkarren mit vier Eimern voll Wasser vor sich herschoben. Heute waren sie an der Reihe, die Pferde zu tränken. „Bleibt nicht zu lange auf der Koppel", sagte ich. „Wir müssen gleich etwas Wichtiges besprechen."

„Wissen wir schon", antworteten sie. „Elisabeth hat uns gesagt, daß wir uns beeilen sollen. Aber mit dem Schubkarren können wir nicht durch die Gegend rasen. Ihr müßt schon warten, bis wir fertig sind."

Ich nickte und holte mein Butterbrotpaket aus dem Heuschober. Die anderen saßen bereits auf der Wiese vor der Stalltür und frühstückten.

Als Karin und Ingrid zurückkamen, sagte Marianne gerade: „Wer weiß, ob es ein richtiges Gespenst war. Es können genausogut ein paar Jungs gewesen sein."

„Was es auch war, wir müssen etwas unternehmen, damit der Spuk aufhört", sagte ich. „Ich möchte in der Nacht schlafen, damit ich tagsüber richtig reiten kann. Und außerdem lasse ich mir nicht gern Angst einjagen."

Die anderen nickten.

„Wie wär's, wenn wir eine Wache aufstellen würden?" meinte Lena ein wenig zweifelnd.

„Ja, das ist gut! Vielleicht könnten wir die Pferde nachts vor dem Heuschober freilassen?" rief Anita begeistert.

„Bist du verrückt geworden?" sagte Ingrid. „Wenn es ein wirkliches Gespenst ist, bekommen die Pferde einen so furchtbaren Schrecken, daß sie für alle Zeit verdorben sind.

Du weißt ja, daß Pferde viel leichter zu ängstigen sind als Menschen."

„Daran habe ich nicht gedacht", erwiderte Anita bekümmert. „Aber was sollen wir sonst tun? Ich bin genauso schreckhaft wie ein Pferd – ich traue mich jedenfalls nicht, Wache zu halten, wenn es dunkel ist."

Wir murmelten alle, daß wir die Vorstellung ebenfalls nicht besonders verlockend fänden, die ganze Nacht über zu wachen und auf ein Gespenst zu warten.

„Aber irgend etwas müssen wir uns einfallen lassen", sagte Ingrid mit Festigkeit. „Wir müssen uns zusammennehmen und scharf nachdenken."

Alle starrten vor sich hin und überlegten angstrengt – und plötzlich kam mir ein Einfall!

„Wir spannen vor dem Heuschober eine Menge Schnüre und Fäden über den Boden. Darüber stolpert jeder, der nachts ans Fenster kommt, und macht einen Höllenspektakel. Dann können wir nachsehen, wer da liegt und flucht und sich in unsere Schnüre verwickelt hat!"

„Prima!" riefen alle wie aus einem Mund.

„Hoffentlich fällt das Gespenst dabei ordentlich auf die Nase", sagte Ingrid. „Könnten wir nicht ein paar große Steine draußen verteilen, damit es lauter blaue Flecke bekommt?"

„Wenn jemand dort plötzlich Steine liegen sieht, die vorher nicht da waren, wird er vielleicht mißtrauisch und entdeckt unsere Falle", wandte ich ein.

„Ja, da hast du wahrscheinlich recht – leider", gab Ingrid zu. „Aber er hätte schon einen richtigen Denkzettel verdient."

„Er?" wiederholte Elisabeth. „Und wenn es eine ‚sie' ist?"

„Alle Gespenster sind Jungen oder Männer", sagte Ingrid.

Karin schüttelte den Kopf. „Nein, das stimmt nicht. Hast

du noch nie von der Weißen Frau gehört? Die ist doch bestimmt kein Mann!"

„Ein Gespenst ist ein Gespenst", meinte Elisabeth. „Ganz gleich, ob es männlich oder weiblich ist, Hauptsache, daß es uns in die Falle geht. Ich finde, wir sollten jetzt alle Schnüre und Nähfäden von zu Hause holen. Wenn jemand wissen will, wozu wir den Faden brauchen, sagen wir einfach, wir wollen an unseren Pferdedecken etwas ausbessern. Und die Schnüre brauchen wir eben für unsere Ausrüstung."

Wir radelten heimwärts, und es gelang mir ohne weiteres, je eine Rolle Schnur und Nähfaden zu stibitzen.

Da ich schon einmal daheim war, strich ich mir gleich ein paar Butterbrote und belegte sie dick mit kaltem Schweinebraten, nahm mir noch zwei Stück Kuchen und machte mich dann wieder auf den Weg zum Reitstall.

„Der Ponyklub stellt seine erste Falle!" murmelte Lena mit übertrieben schauriger Stimme, als wir uns alle versammelt hatten.

„Ich glaube, wir sollten die Schnüre jetzt noch nicht spannen", sagte ich. „Am besten warten wir damit bis zum Abend, sonst fällt noch ein Unschuldiger darüber. Außerdem müßte jeder von uns noch zwei kleine Stöcke auftreiben, die gerade so stark sind, daß man sie in den Boden rammen und die Schnüre daran festbinden kann."

„Wie lang sollen sie sein?" fragte Karin.

„Nicht höher als das Gras", erwiderte ich, „sonst sieht man sie ja."

Zufrieden gingen wir zur Koppel, sattelten unsere Pferde und ritten auf die Springbahn, um zu trainieren.

Heute war Karin an der Reihe, den Unterricht abzuhalten, und sie nahm es mit ihrer Arbeit sehr genau. Sie behielt uns alle im Auge und gab jedem besondere Anweisungen.

„Sitz nicht so angespannt auf dem Pferd, Ingrid, du mußt ganz locker in den Hüften sein!"

„Lena, bleib im Sattel, damit du schnelle Wendungen ausführen kannst!"

Sie sah natürlich auch meinen alten Fehler und rief mir zu: „Kiki, du darfst dich nicht so weit vorbeugen. Lehne dich gut zurück!"

Karin war sehr kritisch und sah eine Menge Einzelheiten im Springtraining, die besser werden mußten: „Drücke die Fersen stärker abwärts, Marianne. Die Steigbügel sollen unter dem Mittelfuß sitzen."

„Nicht so steif in den Knien, Anita!"

Nach dem Mittagessen übte jeder für sich allein. Melissa ist ein gutes Springpferd. Die Hindernisbahn gefällt ihr, und sie ist bei den Übungen meistens guter Laune und voller Energie.

Als wir uns am Nachmittag vor dem Stall versammelten, sprachen wir wieder über das bevorstehende Turnier.

Insgeheim hoffte natürlich jeder, Sieger zu werden, aber die meisten von uns tippten auf Elisabeth. Sie selbst war ihrer Sache nicht so sicher. „Es hängt sehr viel vom Wetter ab", meinte sie. „Wenn es regnet, verlieren Figaro und ich bestimmt, weil er die Nässe nicht leiden kann. Bei Regen haben Kiki und Melissa die beste Chance."

Ich zuckte mit den Schultern, freute mich im stillen aber doch über Elisabeths Bemerkung.

„Wenn's zu sehr regnet, sollten wir das Turnier verschieben", mischte sich Lena ein, deren Pferd Charlie groß und schwer ist und bei nasser Weglage leicht ausrutscht.

„Ich finde es abscheulich, wenn es so heiß ist, daß man bei jeder Bewegung einen Schweißausbruch bekommt", meinte Marianne. „Am besten wär's, wenn wir den Wettkampf nicht bei zu großer Hitze abhalten würden."

„Und wenn es zu windig ist?" fragte Ingrid.

Da konnte ich mich nicht länger beherrschen und fing zu kichern an. „Ihr seid ja übergeschnappt!" sagte ich. „Gibt es überhaupt ein Wetter, das euch allen paßt?"

Sie sahen sich nachdenklich an und brachen plötzlich in schallendes Gelächter aus.

Anita sah auf die Uhr. „Ich glaube, es ist gleich Zeit zum Abendessen. Sollen wir die Falle noch aufstellen, ehe wir nach Hause gehen?"

Ein paar Minuten später rammten wir vor der Tür des Heuschobers die ersten Stöckchen in den Boden und spannten dann kreuz und quer Schnüre und Fäden. Anschließend rupften wir noch drüben am Hang Gras aus und verstreuten es dort, wo man die Stöcke und Schnüre durchschimmern sah. Nur neben der Schuppenwand ließen wir einen schmalen Weg frei, damit wir zu unseren Schlafsäcken kommen konnten.

„Das entdeckt bestimmt kein Mensch!" sagte Ingrid.

„Ein Gespenst vielleicht doch", murmelte Anita vorsichtig.

„Pah!" rief Lena.

„Wenn man genau hinsieht, merkt man schon, daß mit der Wiese vor dem Fenster und der Tür etwas nicht ganz stimmt", sagte ich.

„Gespenster schauen sich nicht so genau um", versicherte Lena.

„Und außerdem ist es nachts dunkel, da sieht man von unserer Falle bestimmt keine Spur", meinte Elisabeth.

„Wollen wir's hoffen", sagte ich.

Das unheimliche Gesicht am Fenster

Ich muß zugeben, daß wir an diesem Abend sehr beruhigt und selbstzufrieden ins Heu krochen. Bald würde das Ungeheuer eine unangenehme Überraschung erleben – und darauf freuten wir uns!

„Was passiert eigentlich, wenn das Gespenst uns in die Falle gegangen ist?" fragte Anita.

„Wahrscheinlich stößt es eine Menge Flüche aus", kicherte ich.

„Sollen wir hinausgehen und uns denjenigen ansehen, der sich da in unsere Schnüre verwickelt hat?" überlegte Karin.

„Das kommt ganz darauf an, wer es ist und wie wütend er ist", sagte Elisabeth. „Und ob das Gespenst ein paar Freunde dabei hat."

„Wenn es mehrere sind, gehen wir vielleicht lieber nicht aus der Scheune und lachen sie aus, sonst werden sie womöglich böse und schlagen um sich", fügte ich hinzu. „Und mit einer ganzen Horde Jungs auf einmal werden wir kaum fertig."

„Ich glaube, darüber brauchen wir uns jetzt nicht den Kopf zu zerbrechen", meinte Elisabeth. „Warten wir ab, was passiert."

„Sollen wir wach bleiben?" fragte Lena.

„Wir unterhalten uns noch ein bißchen. Und falls wir einschlafen, macht es nichts; wenn's losgeht, werden wir sowieso vom Lärm wach."

Ich war völlig ruhig, und den anderen ging es offensichtlich ebenso. Wir lachten, unterhielten uns über Pferde, erzählten lustige Geschichten und waren richtig vergnügt –

und plötzlich schliefen ein paar von uns ein. Die Dunkelheit verdichtete sich; ich merkte, wie mich ebenfalls die Müdigkeit überkam. Als ich auf meine Armbanduhr sah, war es halb zwölf. Ich kroch in meinen Schlafsack und schloß die Augen.

Wie lange ich geschlafen hatte, weiß ich nicht. Plötzlich erwachte ich mit einem Ruck und setzte mich auf. Irgend etwas stimmte nicht – aber was war es? Hatte ich ein Geräusch oder einen Schrei gehört?

Als ich mich umsah, merkte ich, daß sich fast alle anderen ebenfalls aufgerichtet hatten. Und sie starrten auf das Fenster!

Ich schaute ebenfalls hin. Mein Herzschlag setzte beinahe aus!

Denn durch die Fensterscheibe stierte ein gräßliches Gesicht zu uns herein. Die Wangen leuchteten grün und sahen aus, als wären sie von Seegras und Schleim bedeckt. Die Zähne waren widerlich lang und blitzten wie scharfe Messer. Die Augen wirkten groß und rot und starrten mit irrem Ausdruck ins Leere.

Ich konnte den Blick nicht abwenden. Meine Augen schmerzten, mein Hals war trocken, und meine Zunge fühlte sich wie ein unförmiger Klumpen an. Kalte Schauer liefen mir über den Rücken, und meine Arme waren schwer wie Blei.

Ich saß wie hypnotisiert da und brachte es nicht einmal fertig, mich umzudrehen, um festzustellen, wie die anderen reagierten. Aber vermutlich waren sie ebenfalls starr vor Schreck, denn ich hörte nicht einen einzigen Laut.

Wie verhext starrte ich auf das Gespenstergesicht.

Und plötzlich war mir, als würde es größer und größer und käme näher und immer näher . . .

Und dann begann alles um mich zu kreisen! Ich fühlte

mich wie in einem Karussell, das sich mit wahnsinniger Geschwindigkeit dreht. Ich wollte aufstehen – aber ehe ich mich bewegen konnte, schien ich einen harten Schlag auf den Kopf zu bekommen!

Und alles wurde schwarz.

Als ich wieder zu Bewußtsein kam, war es hell. Karin und Elisabeth saßen neben mir. Ich sah sie verwundert an.

„Was ist passiert?" fragte ich. „Ich muß etwas Furchtbares geträumt haben. Mir war, als hätte ich ein abscheuliches Gespenstergesicht am Fenster gesehen. Als es näher kam, versuchte ich aufzustehen, und dann wurde es schwarz um mich."

„Du bist ohnmächtig geworden", sagte Karin.

„Tatsächlich?"

„Ja, mitten in der Nacht. Du hast ganz komisch gekeucht, bist zurückgefallen und steif wie ein Stock liegengeblieben."

„Mitten in der Nacht?" wiederholte ich. „Aber es ist ja schon Morgen! Was passierte dann?"

„Du hast geschlafen", sagte Karin. „Ich hörte, daß dein Atem wieder ruhiger ging, und da fanden wir es am besten, dich schlafen zu lassen."

„Aber das Gesicht am Fenster?" fuhr ich fort. „Habe ich das nur geträumt?"

„Es war kein Traum", sagte Elisabeth ernst. „Wir haben es auch gesehen."

Ich setzte mich auf und lauschte. Kein Laut war zu hören. Es mußte also ein richtiges Gespenst gewesen sein, da es nicht über unsere Schnüre gestolpert war – oder was war mit der Falle geschehen?

„Aber unsere Falle?" fragte ich

Elisabeth nickte und sah mich nachdenklich an. „Sie ist niedergetrampelt."

Ich seufzte erleichtert und sagte: „Das bedeutet doch,

daß es kein echtes Gespenst war, sondern nur ein Mensch, der uns erschrecken wollte, nicht wahr?"

„Ich weiß nicht", erwiderte Elisabeth. „Es ist doch seltsam, daß die Person, die gespukt hat, offenbar alle Schnüre und Fäden sah, obwohl es dunkel war."

„Ingrid und Marianne meinen, ein Tier könnte unsere Schnüre niedergetreten haben, und das Gespenst war vielleicht doch echt."

„Warum glauben sie das?"

„Keine Ahnung. Vielleicht, weil sie sich fürchten."

„Das wundert mich nicht", sagte ich. „Es war ein ganz gräßliches Gesicht! Ich bin so erschrocken, daß ich wie gelähmt war und ohnmächtig wurde. Was sollen wir tun?"

„Ich glaube, wir sollten noch einmal hier übernachten", meinte Elisabeth. „Wenn wir das Rätsel dann noch nicht gelöst haben, bleibt uns wohl nichts anderes übrig, als in Zukunft zu Hause zu schlafen. So kann es nicht weitergehen."

„Sind alle damit einverstanden, noch eine Nacht hierzubleiben?" fragte ich, stand auf und ging aus der Scheune.

Elisabeth und Karin folgten mir, ohne zu antworten.

Ich wusch mich, putzte mir die Zähne und sagte: „Ich weiß selbst nicht so genau, ob ich Lust habe, mich noch mal so erschrecken zu lassen."

„Ich habe eine Idee", sagte Elisabeth und ließ sich vor dem Waschraum auf einen Stein sinken. „Setz dich neben mich, Kiki, dann erkläre ich es dir."

Ich folgte ihrer Aufforderung und hörte mir ihren Plan an.

Ihrer Meinung nach sollten sich zwei oder drei von uns während der Nacht unter einem Busch außerhalb der Scheune verstecken.

Wenn es wirklich ein richtiges Gespenst war, spielte es

ihrer Meinung nach keine Rolle, ob wir innerhalb oder außerhalb des Heuschobers lagen; und wenn es Menschen waren, die sich als Gespenster verkleidet hatten, konnten wir sie vielleicht entlarven.

„Was meinst du dazu?“ fragte sie schließlich.

Ich wußte es nicht so recht.

„Hm. Und wer soll unter den Büschen liegen?“ erkundigte ich mich nach einer Weile.

„Drei Freiwillige“, sagte Elisabeth.

„Hast du schon mit den anderen darüber gesprochen?“

„Ja, vorher, als du noch geschlafen hast.“

Ich wandte mich an Karin. „Willst du heute nacht draußen bleiben?“

Sie machte ein erschrockenes Gesicht. „Nein, das traue ich mich nicht!“

Ich nickte.

Elisabeth sagte gar nichts.

Wir schwiegen eine Weile, bis ich aufstand und erklärte: „Jetzt gehe ich zu Melissa. Nach so einer Nacht muß man reiten, um wieder ins Gleichgewicht zu kommen.“

„Kommst du auf die Springbahn?“ fragte Karin.

„Ja“, erwiderte ich, drehte mich um und sah, daß Marianne und Ingrid gerade von der Koppel hinter der Dressurbahn auf die Hindernisse zuritten.

Karin lief zu ihnen hinunter.

Elisabeth tippte mir auf die Schulter. „Wart ein bißchen“, sagte sie. „Ich werde mich heute nacht unter einen Busch legen und aufpassen.“

„Aha.“ Ich tat einen Schritt vorwärts.

„Willst du in der Scheune schlafen?“ fragte sie und sah mir direkt in die Augen.

„Ich weiß nicht“, sagte ich und fühlte mich gar nicht wohl in meiner Haut.

„Hast du Angst?"

Ich atmete tief – und ehe ich es recht bedachte, antwortete ich: „Nein, ich habe keine Angst. Ich übernachte gern draußen im Freien."

Und kaum hatte ich das gesagt, da bereute ich es auch schon. Aber jetzt war es zu spät, noch einen Rückzieher zu machen. Elisabeth lächelte mir zu, und gemeinsam machten wir uns auf zur Koppel, um Figaro und Melissa zu holen.

Meine Schritte wurden immer schwerer und langsamer, denn ich stellte mir schon jetzt all die Greuel vor, die uns vielleicht in der kommenden Nacht erwarteten. Doch plötzlich kam ich auf andere Gedanken, denn Karin stand am Gatter und rief uns etwas zu. Sie hatte versucht, fünf Pferde gleichzeitig zu führen; jetzt konnte sie sie nur mit aller Mühe zusammenhalten. Karin schrie: „Die Pferde waren heute nacht unterwegs! Kommt her und helft mir, sie in den Stall zu bringen, damit wir den Zaun überprüfen können!"

Elisabeth und ich rannten los. Ich packte Melissa mit der einen Hand und das Reitschulpferd Dunder mit der anderen. Elisabeth griff nach Figaro und dem alten, verläßlichen Domino und Karin kümmerte sich um ihren Munter.

Im Stall untersuchten wir sofort, ob eines der Pferde sich beim nächtlichen Ausflug verletzt hatte. Alle waren gesund und munter mit Ausnahme von Melissa, bei der ich eine lange Schramme über der Vorderbrust feststellte. Mit ziemlicher Sicherheit war es also Melissa gewesen, die den Zaun niedergerissen hatte. Die Wunde ging glücklicherweise nicht tief. Es handelte sich nur um einen oberflächlichen Kratzer, den ich mit Desinfektionsmittel behandelte. Sie stand während der ganzen Prozedur ruhig da und schien nur verwundert darüber zu sein, daß sie plötzlich wieder im Stall stehen mußte.

Wir liefen zur Koppel, auf der die fünf Pferde während der Nacht gewesen waren, und kontrollierten den Zaun. Ganz hinten waren zwei Pfosten umgestürzt. Wir stellten sie wieder auf und rollten ein paar Steine in das Loch, damit die Latten zusätzlichen Halt bekamen.

„Die kann Melissa bestimmt nicht mehr umreißen", sagte ich. „Wo waren die Pferde eigentlich, als du sie entdeckt hast?"

„Nur ein paar Meter außerhalb der Koppel", erwiderte Karin. „Sie grasten ganz ruhig."

„Ich weiß nicht, warum sie immer unbedingt von der Weide weg wollen", sagte Elisabeth. „Sie haben doch Unmengen von saftigem Gras."

„Das Gras ist auf der anderen Seite des Zaunes immer grüner und besser!" lachte Karin.

„Wir haben Glück gehabt, daß sie nicht auf die Landstraße gelaufen sind", sagte ich. „Das hätte leicht ein Unglück geben können."

„Ach, sag so was nicht!" stöhnte Karin. „Es macht mich immer ganz krank, wenn ich mir vorstelle, was alles passieren kann, wenn ein Pferd auf die Straße läuft und es kommt ein Auto angefahren."

Elisabeth seufzte. „Du liebe Zeit, können wir nicht von etwas Erfreulicherem reden?" sagte sie.

Wer steckt hinter dem Spuk?

Wir übten natürlich während des Tages weiter für unser Turnier, doch ich konnte mich nicht richtig auf Pferd und Hindernisse konzentrieren, weil ich immerzu an die kommende Nacht denken mußte. Im Freien unter einem

Busch zu liegen und dem Gespenst aufzulauern hieß ja, sich in Lebensgefahr zu begeben! Wahrscheinlich wäre es am klügsten gewesen, wenn ich am Spätnachmittag so getan hätte, als wäre mir plötzlich sehr übel. Dann hätte ich zu Hause in meinem Bett übernachten können ... Aber ich habe eigentlich noch nie gern krank gespielt – und wenn Elisabeth es wagte, die Nacht draußen zu verbringen, dann durfte ich auch nicht feige sein.

Doch was sollten wir tun, wenn das Gespenst uns sah? Wohin sollten wir laufen – hinein in den Heuschober oder hinaus auf die Landstraße?

Und wenn es uns zu fassen bekam, was dann? Was machen Gespenster mit gefangenen Mädchen?

Vor lauter Nachdenken trainierte ich nicht mit der üblichen Energie, und Melissa merkte das auch, denn sie drehte öfter den Kopf nach hinten und sah mich verwundert an.

„Entschuldige“, sagte ich zu ihr, beugte mich vor und strich ihr über die Mähne. „Heute bin ich einfach nicht richtig in Form. Dafür müssen wir uns morgen doppelt anstrengen, damit wir im Turnier einigermaßen gut abschneiden.“

Falls morgen nach der nächtlichen Spukerei überhaupt ein Turnier stattfindet, dachte ich bei mir.

Die Stunden vergingen in Windeseile, und ehe ich mich versah, war der Abend gekommen. Ich radelte wie stets nach Hause und lieh mir die Stoppuhr meines Vaters für das Turnier. Beim Abendessen brachte ich kaum etwas hinunter, denn ich verliere immer den Appetit, wenn ich aufgeregt bin.

Ich war kein bißchen hungrig; trotzdem spürte ich ein leeres, saugendes Gefühl im Magen, als es an der Zeit war, sich im Gebüsch zu verstecken. Keines der anderen

Mädchen hatte Lust, Elisabeth und mir Gesellschaft zu leisten; alle fünf wollten in der Scheune übernachten.

„Kiki, wenn das Gespenst dich wegzaubert, bekomme ich dann Melissa?“ erkundigte sich Ingrid lachend.

„Mit solchen Sachen spaßt man nicht“, mahnte Anita bedrückt.

Ich sagte gar nichts.

Elisabeth hatte schon den Platz für unser Nachtlager ausgewählt: einen großen, wildwachsenden Jasminstrauch, der nicht weit vom Schuppen entfernt stand. Seine dichtbelaubten Zweige hingen wie ein grüner Vorhang auf die Wiese hinab.

„Hier entdeckt uns keiner“, sagte sie und zog ein paar Disteln aus dem Boden.

„Ihr werdet die ersten sein, die ein Gespenst von hinten zu sehen bekommen“, erklärte Karin.

Lena kam mit einer weißen Rolle unter dem Arm und sagte: „Hier sind meine beiden Bettlaken. Ihr könnt euch hineinwickeln und aufspringen und aus vollem Halse schreien, falls der Spuk nur aus ein paar Lausebengeln besteht. Denen würde es nichts schaden, wenn wir ihnen alles mit gleicher Münze heimzahlen würden, meint ihr nicht auch?“

Elisabeth nickte und nahm die Laken entgegen.

„Aber falls das Gespenst echt ist, wäre es vielleicht besser, wenn ihr nicht versuchen würdet, es zu erschrecken“, mischte sich Karin ein. „Weil man nicht genau wissen kann, was dann passiert.“

„Das Gespenst könnte furchtbar wütend werden“, fügte Marianne hinzu und lachte.

„Seid vorsichtig, daß ihr nicht weggezaubert werdet“, empfahl uns Ingrid mit breitem Grinsen. „Wir möchten doch, daß ihr morgen beim Turnier mitmachen könnt.“

„Wie aufmerksam von euch!“ sagte Elisabeth mit einer so übertrieben freundlichen Stimme, daß es richtig verärgert klang. „Aber ihr solltet euch nicht so viele Sorgen um uns machen, sondern euch lieber um euch selbst kümmern. Denn stellt euch mal vor, das Gespenst entschließt sich, heute nacht im Heuschober zu spuken – dann sieht die Sache schlecht für euch aus! Wenn ich euch also jetzt einen Rat geben darf, dann verschwindet ihr am besten gleich in die Scheune und schließt die Tür ordentlich von innen. Und vergeßt nicht, den großen Riegel vorzuschieben!“

„Komm, laß uns nicht böse aufeinander werden“, erwiderte Ingrid. „Natürlich ist es für euch nicht angenehm, draußen zu übernachten und dafür noch aufgezogen zu werden, aber wir wollten euch doch nur aufmuntern.“

Elisabeth lächelte, und ich sagte: „Das ist wirklich reizend von euch, aber ihr müßt auch verstehen, daß man von der Aussicht ziemlich nervös wird, unter einem Busch liegen und auf ein Gespenst warten zu müssen. Deshalb ist es vielleicht besser, wenn ihr uns nicht aufmuntert, denn wir sind im Moment ein bißchen empfindlich. Haltet uns lieber die Daumen.“

„Das tun wir ganz bestimmt!“ versicherten sie. „Also dann, gute Nacht bis zum Sonnenaufgang!“

Und sie gingen in den Heuschober und schlossen die Tür hinter sich.

Es wurde seltsam still, nachdem sie verschwunden waren. Die Dunkelheit schien plötzlich viel dichter und bedrohlicher zu sein als noch vor einer Minute.

Wir krochen in unsere Schlafsäcke und bereiteten uns auf eine lange, ungewisse Nacht vor.

„Was ist, wenn wir einschlafen?“ flüsterte ich.

„Glaubst du wirklich, daß du einschlafen kannst?“ wisperte Elisabeth zurück.

Ich schüttelte den Kopf und lächelte schwach.

„Wir sollten nicht zuviel miteinander sprechen, nicht einmal im Flüsterton", zischte Elisabeth. „Nachts ist es so still, daß man das leiseste Geräusch weithin hören kann. Wenn wir uns etwas besonders Wichtiges zu sagen haben, sagen wir es uns gegenseitig ins Ohr, aber sonst verhalten wir uns ganz ruhig."

So begann unsere Nacht in tiefem Schweigen.

Schwere Wolken zogen langsam über den Himmel. Ein leichter Wind ging, und die Luft war kalt. Bald verdichteten sich die Wolken; es wurde immmer dunkler. Der Mond war jetzt fast völlig verdeckt; man sah ihn nur manchmal schwach und bleich zwischen den Wolkenfetzen durchschimmern.

Die Zeit verging so langsam, daß ich das Gefühl hatte, es würde nie wieder Morgen ...

Ab und zu sah ich zu Elisabeth hinüber, die allem Anschein nach ruhig und furchtlos in ihrem Schlafsack lag und den Blick nicht von der Wiese vor dem Heuschober wandte. Sie schien entweder keine Nerven zu haben oder besonders mutig zu sein.

Ich beneidete sie ein wenig um diese Unerschrockenheit. Offenbar hielt sie es sogar für aufregend und angenehm, hier draußen zu liegen und einem Gespenst aufzulauern. Ich dagegen war vor Angst wie erstarrt und sehnte mich insgeheim danach, zu Hause in meinem Bett zu liegen. Aber jetzt war es zu spät, um es sich anders zu überlegen. Ich konnte nichts tun, als die Zähne zusammenzubeißen und zu hoffen, daß die Zeit etwas schneller vergehen würde als bisher.

Aber noch immer lagen viele Stunden vor uns, ehe im Osten über dem Wald der Morgen dämmern würde.

Aus welcher Richtung mochte das Gespenst kommen? Angenommen, es schwebte durch das Gebüsch direkt auf uns zu? Was sollten wir dann tun? Konnte man ein Gespenst fangen? Oder griff man mit der Hand ins Leere, wenn man versuchte, es zu berühren?

Hatte es die Fähigkeit, durch Wände, Büsche und Mauern zu sehen?

Ich schaute auf die Uhr. Es war fünf Minuten nach Mitternacht. Die Geisterstunde hatte begonnen.

Ein Pferd wieherte plötzlich, und das Geräusch hallte weit durch die Nacht. War es über etwas erschrocken?

Als ich Elisabeth im Flüsterton fragen wollte, was ihrer Meinung nach der Grund für das Gewieher war, schüttelte sie abwehrend den Kopf und deutete auf den Weg, der von den Reihenhäusern herunter am Heuschober vorbeiführt und in die große Landstraße mündet. Ich versuchte, ebenfalls in diese Richtung zu sehen, obwohl ich am liebsten die Augen geschlossen hätte.

„Kommt das Gespenst?" wisperte ich mit zitternder Stimme.

„Pst!" zischte Elisabeth, ohne sich nach mir umzudrehen.

Sie starrte unverwandt auf den Weg. Was hatte sie bemerkt?

Ich spähte so angestrengt geradeaus, daß mir die Tränen in die Augen traten – und plötzlich sah ich etwas, was sich dort in der Dunkelheit bewegte! Es war etwas Großes, Schwarzes, und es näherte sich langsam.

Es kam auf uns zugerollt.

Ich biß mir auf die Unterlippe, um nicht zu schreien.

Kalte Schauder liefen mir über den ganzen Körper. Ich griff nach Elisabeths Arm und dachte: In ein paar Sekunden ist das Gespenst da, und dann hat mein letztes Stündlein geschlagen!

Die Sekunden schleppten sich dahin – und das große, schwarze Etwas kam unaufhaltsam näher. Mein Herz hämmerte gegen die Rippen; gerade als ich den Mund auftat, um nach Hilfe zu rufen, erkannte ich klar und deutlich, was sich da bewegte.

Es war ein Auto.

Es fuhr ohne Licht und mit abgestelltem Motor den Hügel herunter. Ich beobachtete es verblüfft. Was sollte das bedeuten? Weshalb kam mitten in der Nacht ein Auto hier angefahren?

„Das ist kein Gespenst“, sagte ich zu Elisabeth.

„Ruhe!“ wisperte sie zurück.

Doch ich war so überrascht, daß ich nicht still sein konnte. „Es gibt wohl keine Gespenster, die mit dem Auto fahren?“ flüsterte ich.

„Ruhe!“ sagte Elisabeth böse und gab mir einen Seitenstoß.

Das Auto hielt vor der Scheune an. Ich sah die schatten-

Nanu, seit wann fahren Gespenster mit dem Auto?

haften Umrisse zweier Männer, die ausstiegen. Da uns nur etwa zehn Meter vom Wagen trennten, konnten wir ziemlich genau sehen, was vorging. Der größere Mann öffnete eine Tasche und reichte dem anderen einen Gegenstand – und nach etlichen geheimnisvollen Bewegungen hatte er sich in ein Gespenst verwandelt! Er trug nur eine weiße Kutte und hatte eine Kapuze über den Kopf gestülpt; in der rechten Hand hielt er eine Laterne, die einen rötlichen Schein verbreitete, in der linken eine lange Stange mit etwas Seltsamem an der Spitze.

Die vermummte Gestalt schlich nun zum Scheunenfenster und ließ sich auf die Knie nieder. Sie hob die Stange und beleuchtete sie von unten her mit der Laterne. Nach einigen Sekunden schlug der Mann mit der Stange mehrmals gegen das Fenster und bewegte die Laterne hin und her, so daß sie einen gespenstisch flackernden Schein erzeugte – und in diesem Licht sahen wir, daß der merkwürdige Gegenstand an der Spitze einer Hand mit leuchtenden Fingern glich.

Elisabeth drehte sich zu mir um, nickte zuerst ein paarmal, legte ihren Mund dicht an mein Ohr und flüsterte: „Das sind keine Jungs, sondern ausgewachsene Männer!“

Ich hatte noch immer Angst; deshalb wagte ich nicht, ihr zu antworten, sondern nickte nur. Natürlich war es angenehm zu wissen, daß hier kein echtes Gespenst herumgeisterte – aber wußte man, was diesen beiden Kerlen einfiel, wenn sie uns entdeckten?

Der Mann, der sich als Gespenst verkleidet hatte, erhob sich jetzt, so daß sein Kopf in der weißen Kapuze das ganze Fenster verdeckte.

Gleichzeitig knipste er die Lampe mehrmals aus und an, damit es so aussah, als würde sein Gesicht dauernd von Blitzen beleuchtet.

Da drehte sich sein Komplize, der die ganze Zeit beim Wagen gestanden und zugesehen hatte, plötzlich um und schaute in unsere Richtung!

Elisabeth streckte schnell die Hand aus, drückte mein Gesicht zu Boden und kroch dichter an mich heran.

Wir lagen völlig unbeweglich da, und nach einer Weile flüsterte sie mir so leise zu, daß ich sie kaum verstehen konnte: „Wir rühren uns nicht! Wir bleiben so lange liegen, bis sie wieder weggefahren sind."

Das war eine unbequeme Stellung! Das Gras stach uns ins Gesicht, und die Steine unter unseren Schlafsäcken schienen mit jeder Minute größer und härter zu werden. Aber obwohl uns bald alle Glieder weh taten, bewegten wir uns nicht einen Millimeter von der Stelle.

War die Zeit schon während des Wartens langsam vergangen, so schien sie jetzt völlig stillzustehen. Elisabeth lag mit geschlossenen Augen da, als schliefe sie, und ich versuchte mich zu entspannen, während ich langsam immer wieder bis sechzig zählte.

Ich mußte zwölfmal bis sechzig zählen, ehe ich hörte, wie die Wagentür behutsam wieder geschlossen wurde. Da sah Elisabeth hoch und lächelte mich an, und ich seufzte vor Erleichterung tief auf. Wir warteten noch eine Weile, hoben dann vorsichtig die Köpfe und spähten zwischen den Zweigen durch. Der Wagen rollte langsam und ohne Licht den Weg hinunter und verschwand wie ein großer Schatten in der Nacht ...

Wir liefen zur Scheune und klopften an die Tür.

„Macht auf!" riefen wir. „Das Gespenst ist fort!"

Kein Laut drang aus dem Heuschober.

„Macht auf!" riefen wir wieder und rüttelten an der Tür.

Da vernahmen wir schleichende Schritte, und eine ängstliche Stimme fragte: „Wer ist da?"

„Kiki und Elisabeth", sagte Elisabeth. „Laßt uns jetzt herein, dann bekommt ihr die Wahrheit über den Spuk zu hören."

Da öffnete sich die Tür einen Spalt. Karins bleiches Gesicht spähte heraus. Sie wollte ganz sicher sein, daß wir es auch wirklich waren, ehe sie uns hereinließ.

„Was ist passiert?" riefen alle. „Wir dachten schon, das Gespenst hätte euch zu Tode erschreckt!"

„Keine Angst", sagte Elisabeth. „Es war kein Gespenst, was ihr da gesehen habt, sondern ein verkleideter Mann."

Dann erzählte sie alles.

Als Elisabeth geendet hatte, blieb es einen Herzschlag lang still, aber dann brach ein gewaltiger Redeschwall los. Natürlich fragten wir uns alle, aus welchem Grund zwei fremde Männer zur Scheune kamen und uns etwas vorspukten.

„Und was machen wir jetzt?" fragte Lena schließlich.

„Wenn sie wiederkommen, überfallen wir sie einfach", sagte Anita, und ihre Stimme klang ausnahmsweise einmal richtig mutig.

„Nein, das tun wir nicht", erwiderte ich. „Wir versuchen keinesfalls, Heldinnen zu spielen. Morgen gehen wir zur Polizei und erzählen alles. Das ist am besten."

„Die Polizisten lachen uns vielleicht aus", wandte Anita ein.

„Die Polizei ist dazu da, den Leuten zu helfen und geheimnisvolle Vorgänge aufzuklären", sagte ich. „Sie werden sich nicht über uns lustig machen."

Alle wechselten zweifelnde Blicke.

„Aber wir wollten doch morgen unser Turnier abhalten", meinte Anita nach einer Weile. „Da haben wir doch gar keine Zeit, zur Polizei zu gehen."

„Wir schaffen bestimmt beides", erwiderte ich.

„Wäre es nicht besser, wenn wir unseren Eltern alles erzählen würden?" schlug Marianne vor.

„Nein", sagte ich. „Unsere Eltern denken vielleicht, daß wir uns etwas einbilden und nehmen uns nicht ernst. Aber die Polizei muß die Sache untersuchen, wenn wir sagen, was wir gesehen haben."

„Was sollen wir tun? Wir müssen uns entschließen!" Das kam wieder von Lena.

„Wir stimmen ab", erwiderte Elisabeth eifrig. „Alle, die dafür sind, daß wir es der Polizei melden, sollen die Hand heben."

Ich meldete mich und Elisabeth ebenfalls. Dann folgten Karin, Lena, Ingrid und Marianne, und kurz darauf streckte auch Anita ihren Arm in die Höhe.

„Dann ist die Sache abgemacht", sagte Elisabeth. „Morgen gehen wir zur Wache und erzählen alles."

„Wann wird die Polizeistation geöffnet?" fragte Karin.

„Um neun Uhr, nehme ich an", erwiderte ich.

„Und was machen wir bis dahin?"

„Wir schlafen", sagte Elisabeth.

Eine Belohnung für die Gespensterjagd

Ich erwachte davon, daß eine laute Stimme rief: „Aufstehen! Es ist acht Uhr! Zeit zum Waschen und Zähneputzen! Wir haben heute eine Menge vor, also beeilt euch gefälligst ein bißchen."

Es war Karin, die am Fenster stand und uns mit ihrem munteren Geschrei aufweckte.

Aus dem Heu erklang Protestgemurmel, aber so nach und nach krochen doch alle aus ihren Schlafsäcken. Um halb neun Uhr saßen wir schon im Freien und frühstückten.

„Sollen wir alle gemeinsam zur Polizei gehen?" fragte Marianne.

„Nein, es reicht, wenn zwei oder drei von uns dort aufkreuzen", erwiderte Elisabeth.

„Wer denn?" sagte ich.

„Am besten ist es, wenn du mit Elisabeth gehst", meinte Karin. „Ihr zwei habt ja heute nacht alles gesehen."

Ich sah Elisabeth an; sie nickte und sagte: „Ja, gut. Und während wir unterwegs sind, könnt ihr die Springbahn für das Turnier vorbereiten."

„Wann soll das Turnier beginnen?" wollte Karin wissen.

„Um eins sind wir sicher soweit", meinte Elisabeth. „Sollen wir in die Stadt reiten, Kiki?"

„Nein, wir nehmen unsere Fahrräder. Wir können die Pferde ja nicht allein vor der Polizeiwache warten lassen."

„Daran habe ich nicht gedacht", stimmte Elisabeth zu und erhob sich. „Bist du fertig?"

Ich nickte und trank rasch meinen Saft aus.

„Viel Glück!" riefen uns die anderen nach, als wir unsere Fahrräder aus dem Schuppen holten. Wir winkten ihnen zu und machten uns auf den Weg ins Stadtzentrum.

„Wie benimmt man sich, wenn man mit einem Polizeibeamten redet?" erkundigte sich Elisabeth, als wir vor der Wache angekommen waren.

„Nicht anders als sonst", sagte ich. „Polizisten sind auch nur gewöhnliche Menschen."

„Ich bin trotzdem ein bißchen nervös", murmelte Elisabeth.

„Das geht vorbei", versicherte ich und öffnete die Tür. An einem Tisch saß ein älterer Mann und tippte auf einer Schreibmaschine.

„Guten Morgen", sagte ich. „Wir möchten über eine

rätselhafte Angelegenheit Meldung erstatten."

Er sah hoch, schob seinen Stuhl zurück und lächelte uns an.

„Eine rätselhafte Angelegenheit?" wiederholte er. „Das klingt aufregend. Setzt euch bitte hierher und erzählt, was ihr auf dem Herzen habt. Aber sagt mir zuerst, wie ihr heißt und wo ihr wohnt."

Er deutete auf zwei Stühle, die vor seinem Schreibtisch standen. Wir setzten uns, gaben unsere Namen und Adressen an und sahen uns abwechselnd ein wenig unsicher an, weil wir nicht wußten, wer von uns beiden reden sollte. Doch schließlich räusperte sich Elisabeth und begann zu erzählen: „Wir sind sieben Mädchen und kümmern uns um Aspens Reitschule, während Herr Erik in Urlaub ist. Wir übernachten dort im Heuschober, und eines Nachts erwachten wir von einem seltsamen Geräusch . . ."

Der Polizist hörte ihr zu, ohne sie zu unterbrechen, und sein Gesicht wurde immer ernster. Als sie beschrieb, was wir in der vergangenen Nacht von unserem Versteck aus beobachtet hatten, stand er auf und sagte: „Das klingt wirklich merkwürdig. Ich glaube, wir sollten uns diese beiden Männer einmal näher ansehen, die euch da etwas vorgeistern. Bleibt noch ein paar Minuten hier, ich gehe nur schnell nach nebenan, um zu telefonieren."

Es dauerte wirklich nicht lange, bis er zurückkam. „Ich habe gerade mit einem Kollegen gesprochen, und wir haben uns entschlossen, heute abend zur Reitschule zu kommen und uns ein bißchen mit diesen Burschen zu unterhalten, die euch erschrecken wollten. Und wir wären sehr froh, wenn ihr uns dabei etwas helfen könntet. Wollt ihr das?"

„Ja", sagten wir.

„Gut. Dann machen wir es so, daß ihr wie immer im Heuschober übernachtet, und wir verstecken uns unter dem

„Damit wir die Gespenster schnappen, dürft ihr mit niemandem darüber reden!“

Jasminbusch und warten, bis der Spuk beginnt. Seid ihr einverstanden?“

„Natürlich.“

„Aber damit auch alles klappt, dürft ihr mit niemandem darüber reden, daß wir heute nacht dort auf der Lauer liegen werden. Könnt ihr mir das versprechen?“

„Freilich!“

„Ihr dürft nicht einmal euren Eltern und Geschwistern etwas davon sagen. Und ihr müßt dafür sorgen, daß auch eure Freundinnen dieses Versprechen einhalten.“

„Verlassen Sie sich nur auf uns“, sagten wir.

„Sehr gut. Auf Wiedersehen dann, bis bald.“

„Auf Wiedersehen“, sagten wir, standen auf und gingen wieder hinaus zu unseren Fahrrädern.

„Ich frage mich, was heute nacht passieren wird“, äußerte Elisabeth während der Rückfahrt.

„Das kann man nie wissen. Aber ich hoffe wirklich, daß dieses Auto wieder angefahren kommt, sonst blamieren wir uns.“

„Ach, sag so was nicht!“ rief Elisabeth. „Laß uns die Daumen halten, daß es wieder spukt.“

„Himmel, klingt das verrückt!“ sagte ich und lachte. „An einem Tag sterben wir fast vor Angst, und am nächsten halten wir die Daumen, daß das Gespenst sich zeigt.“

Wir radelten direkt zur Springbahn und erzählten den anderen, was der Polizist gesagt hatte. Natürlich legten alle das feierliche Versprechen ab, zu schweigen wie ein Grab. Dann sagte Elisabeth: „Und jetzt reden wir nicht mehr davon – kein Wort! Dafür trainieren wir noch ein bißchen, damit wir um eins wirklich unser Turnier abhalten können!“

Am Spätnachmittag war das erste Turnier des Ponyklubs vorbei. Marianne hatte für die Überraschung des Tages gesorgt, denn sie gewann noch vor Elisabeth. Anita belegte den dritten Platz und ich den vierten. Nach mir kamen der Reihe nach Karin, Lena und Ingrid. Es gab noch eine feierliche Preisverteilung mit Hurrageschrei und Applaus, ehe wir die Pferde in den Stall brachten.

Der Rest des Tages verging wie im Flug; unversehens brach die Abenddämmerung herein.

Dünne Nebelschwaden senkten sich über die Wiesen, und der Mond leuchtete bleich zwischen rasch dahinjagenden Wolkenfetzen.

„Ein ideales Wetter für eine Gespensterjagd!“ sagte Elisabeth, als sie die Tür zur Scheune verriegelte.

Wir krochen in unsere Schlafsäcke, und Karin versicherte: „Ich schlafe bestimmt nicht. Ich will unbedingt miterleben, wie diese Kerle von der Polizei gefaßt werden!“

Wir anderen hatten ebenfalls vor, wach zu bleiben.

„Auf alle Fälle müssen wir uns ruhig verhalten“, sagte Elisabeth. „Wenn die beiden Männer nämlich hören, daß wir wach sind, werden sie vielleicht mißtrauisch und verschwinden."

So warteten wir in tiefem Schweigen.

Ich fürchtete mich kein bißchen, aber mein ganzer Körper kribbelte vor Erregung.

Endlich wurde es zwölf.

Es knisterte vorsichtig im Heu. Alle setzten sich auf und sahen zum Fenster. Tiefe Finsternis herrschte um uns her. Nun konnte das Gespenst kommen.

Wir warteten gespannt; plötzlich hörte man ein dumpfes Poltern, und im nächsten Augenblick erstrahlte das Fenster in rotem Licht. Ein behaartes Monstergesicht mit weit geöffnetem Mund und großen runden Augen starrte durch die Scheibe!

Doch in Sekundenschnelle verschwand das Ungeheuer wieder; wir hörten Rufe vor der Scheune, und etwas schlug kräftig gegen die Wand.

„Was ist passiert?" flüsterte ich.

Ehe jemand antworten konnte, wurde an die Tür geklopft. Eine Stimme sagte laut: „Hier ist die Polizei! Seid so nett und macht uns auf, dann könnt ihr euch ein feines Gespensterpaar ansehen."

Gemeinsam schlichen wir zur Tür, und Karin zog vorsichtig den Riegel zurück. Draußen stand der Polizeibeamte, mit dem Elisabeth und ich gesprochen hatten. Er lächelte uns an und verbeugte sich. „Guten Abend, ich bin Wachtmeister Andersson. Ihr braucht keine Angst zu haben. Dort im Auto sind die beiden Gespenster, und jetzt sehen sie durchaus nicht mehr furchterregend aus."

Wirklich – im Polizeiwagen saßen zwei Männer und schnitten sehr saure Gesichter. Der eine von ihnen hielt eine Gummimaske in der Hand, die genau wie das Monstergesicht aussah, das uns vor kurzem durch das Fenster angestarrt hatte. Der Polizist hinter dem Steuer nickte uns zu und sagte: „Die beiden haben eine ganze Spukausrüstung dabei – weiße Kapuzen, Gummimasken und lange Stangen mit Gummihänden daran. Sie müssen euch während der letzten Nächte ein paar grausige Vorstellungen gegeben haben, stimmt's?"

Wir nickten nur.

„Ich finde es komisch, daß sie nicht über die Schnüre gestolpert sind, die wir kürzlich über die Wiese gespannt haben", sagte ich.

„Die haben sie sicher bemerkt, denn sie sind daran gewöhnt, im Dunkeln zu arbeiten", erwiderte der Polizist.

„Gewöhnt, im Dunkeln zu arbeiten?" wiederholte Karin. „Was sind das eigentlich für Männer?"

Doch sie bekam keine Antwort, denn in diesem Moment trat noch ein weiterer Polizeibeamter aus dem Gebüsch und fragte: „Ist Heu in der Hütte?"

„Ja", sagten wir im Chor.

Er sah uns nachdenklich an und nahm Wachtmeister Andersson beiseite. Minutenlang unterhielten sich die beiden Beamten leise miteinander. Dann wandte sich der Wachtmeister an uns: „Kommt mit, Mädels. Diese beiden Burschen sind ziemlich berüchtigte Einbrecher, und wir vermuten, daß sie in eurem Heuschober etwas versteckt haben. Wahrscheinlich wollten sie ihre Beute holen, und ihr wart ihnen im Weg. Deshalb versuchten sie wohl, euch zu verjagen. Habt ihr etwas dagegen, wenn wir das Heu durchsuchen?"

„Nein, überhaupt nicht", sagte Elisabeth. „Aber natürlich liegen überall eine Menge Decken und Schlafsäcke herum. Wir räumen sie schnell weg."

In der Scheune knipste Herr Andersson eine große Taschenlampe an. Nachdem wir unsere Sachen in eine Ecke geschafft hatten, sahen wir neugierig zu, wie die Polizisten sich an die Arbeit machten.

„Was sie bloß hier im Heu versteckt haben mögen?" fragte ich. „Und warum sind sie nicht tagsüber hergekommen, um es zu holen?"

„Das war ihnen bestimmt zu riskant", antwortete der Polizist, der Berg hieß. „Sie wurden überwacht und hatten Angst, daß man sie bei Tageslicht erkennen könnte. Offenbar hatten sie hier etwas versteckt und wollten ein paar Nächte später wiederkommen, um es zu holen. Inzwischen wart ihr jedoch hier eingezogen, und da hielten sie es wohl für das beste, euch zu vergraulen."

„Wenn sie etwas gestohlen haben, warum sind sie dann nicht gleich mit ihrer Beute verschwunden?" erkundigte sich Karin.

„Ja, die beiden Spukburschen sind berüchtigte Einbrecher!" erklärte der Wachtmeister

„Es gibt viele Einbrecher, die ihr Diebesgut verstecken, bis sie sicher sind, daß man sie nicht verdächtigt“, erklärte Wachtmeister Andersson.

Gerade da bückte sich sein Kollege und zog etwas aus dem Heu hervor, was einer dicken, schwarzen Platte glich.

„Da haben wir es!“ sagte er.

„Was ist das?“ fragten wir neugierig.

„Eine Tasche, in der Uhrmacher ihre Armbanduhren aufbewahren. Bestimmt liegen hier noch mehr von der Sorte.“

Die Polizisten wühlten mit den Händen im Heu und fanden tatsächlich noch sechs gleiche Taschen. Als sie die öffneten, war jede bis obenhin mit Armbanduhren gefüllt.

„Die sind gar nicht schlecht“, sagte Wachtmeister Berg. „Lauter feine Golduhren!“

Herr Andersson nickte. „Sie stammen sicher aus dem Einbruch, der vor einer Woche in einem Uhrengeschäft im Stadtzentrum verübt wurde.“

„Wieviel sind sie wert?“ wollte ich wissen.

„Das ist schwer zu schätzen“, erwiderte Andersson. „Aber ich nehme an, daß es sich so ungefähr um dreißigtausend Mark handelt.“

Wir starrten auf die Uhren.

„Dreißigtausend Mark? Im Heu? Das ist ja Wahnsinn!“ rief ich.

Wachtmeister Andersson lächelte. „Jetzt wollen wir euch nicht länger stören“, sagte er. „Vielen Dank für eure Hilfe. Schlaft noch ein paar Stunden, ihr habt es verdient. Gute Nacht allerseits.“

„Gute Nacht!“ riefen wir und sahen von der Tür aus zu, wie Wachtmeister Berg im Wagen der Einbrecher losfuhr, gefolgt vom Polizeifahrzeug.

Jeder holte sich wieder seinen Schlafsack, wir krochen ins Heu und unterhielten uns noch ein paar Minuten aufgeregt über Einbrecher und Uhren und Gespenster – und plötzlich hörte man die ersten Schnarchlaute. Es dauerte nicht lange, da war der ganze Ponyklub tief und fest eingeschlafen.

Am nächsten Morgen schliefen wir bis elf Uhr. Ich stand gerade im Waschraum und putzte mir die Zähne, als sich draußen ein Wagen näherte.

„Kommen die Gespenster jetzt schon mitten am Tag?" sagte Karin, die neben mir stand.

Wir ließen die Zahnbürsten fallen und liefen auf die Wiese. Gleichzeitig kamen Elisabeth, Lena und Ingrid aus der Scheune, und Anita tauchte mit Marianne in der Stalltür auf. Wieder hielt ein Polizeiauto auf dem Weg, und heraus kletterte Wachtmeister Andersson mit einem Mann, den wir noch nie zuvor gesehen hatten.

„Guten Morgen", sagte der Wachtmeister. „Habt ihr gut geschlafen?"

„Ja!" riefen wir.

„Und hat sich kein Gespenst mehr gezeigt?"

Wir schüttelten die Köpfe und lachten.

„Na prima. Darf ich euch Inspektor Hanssen vorstellen?" sagte er und deutete auf seinen Begleiter. „Herr Hanssen arbeitet für eine Versicherungsgesellschaft und hat euch etwas mitzuteilen."

Inspektor Hanssen lächelte zufrieden und sagte: „Ja, zuerst will ich euch einmal herzlich dafür danken, daß ihr geholfen habt, den Einbruch im Uhrengeschäft aufzuklären. Das habt ihr gut gemacht! Unsere Gesellschaft hat eine Belohnung von tausend Mark für denjenigen ausgesetzt, der uns Hinweise über den Verbleib der Diebesbeute gibt. Und jetzt haben wir im Einvernehmen mit der Polizei beschlossen, euch diese Belohnung zu geben."

Wir standen lange Zeit wie erstarrt da und sperrten

Mund und Augen auf.

„Wir bekommen tausend Mark?“ fragte Elisabeth ungläubig.

„Ja, das steht euch zu. Das Geld wird in den nächsten Tagen mit der Post an die Reitschule geschickt. Nochmals vielen Dank für eure Hilfe – und ich hoffe, daß euch etwas Schönes einfällt, wofür ihr das Geld verwenden könnt. Auf Wiedersehen.“

„Auf Wiedersehen“, sagte der Wachtmeister ebenfalls und kletterte zusammen mit Herrn Hanssen ins Auto.

„Wiedersehen! Und vielen Dank!“ riefen wir.

Wir blieben stumm stehen und sahen dem Polizeiauto nach. Dann aber fingen wir zu jubeln und zu lachen an, umarmten uns gegenseitig und vollführten wilde Luftsprünge.

„Wir kriegen tausend Mark!“ schrien wir. „Wir sind reich!“

„Was kaufen wir uns für das Geld?“ fragte Karin plötzlich.

Da setzten wir uns auf die Wiese und überlegten, was wir mit unseren tausend Mark anfangen wollten.

KIKI

mit dem Ponyklub unterwegs

Ein heimlicher Ritt in der Nacht

Es war fast Mitternacht. Wir ritten auf unseren Pferden durch den Wald. Der Mond schien bleich vom dunklen Himmel. Es war unheimlich still.

Eigentlich durften wir nicht so spät unterwegs sein, doch meine Eltern waren ausgegangen, und meine Freundin Elisabeth sollte bei mir übernachten. Gegen zehn Uhr, als wir nicht mehr länger vor dem Fernseher sitzen wollten, waren wir auf die Idee gekommen, unsere Pferde aus dem Stall zu holen und den ersten nächtlichen Ausritt unseres Lebens zu unternehmen.

Weder mein eigenes Pony Melissa noch Elisabeths Figaro zeigten sich besonders begeistert über unsere Idee.

Wir trieben unsere Pferde zu einem lebhaften Galopp an. In der stillen Nacht donnerten ihre Hufe über den Boden, und wir ritten so rasch, daß mir der Wind ums Gesicht pfiff. Als wir den Waldrand erreichten, mußten wir unser Tempo verringern, damit uns die Zweige nicht ins Gesicht schlugen.

Etwa eine Stunde lang ritten wir durch den Wald. Die Pferde wurden immer munterer, und ich hatte alle Mühe,

Melissa zu zügeln, da sie am liebsten auf eigene Faust davongaloppiert wäre.

Auf dem Hügel über dem Feld blieben wir stehen und rasteten eine Weile, ehe wir uns auf den Rückweg machten. Der Mond warf seltsame Schatten; Bäume und Büsche ähnelten drohenden Ungeheuern, und die Landschaft sah aus wie die Kulisse eines Gruselfilms.

Plötzlich fuhr ich zusammen. Bewegte sich dort drüben nicht etwas? Ich starrte so angestrengt zum Waldsaum hinüber, daß meine Augen brannten, doch alles war still.

Das Herz klopfte mir bis in den Hals hinauf. Ich hatte den Wunsch, sofort zurückzureiten. „Los, komm jetzt", sagte ich mit leiser Stimme zu Elisabeth.

„Warte noch ein bißchen", erwiderte sie. „Der Mond scheint heute so schön."

„Ich find's hier unheimlich."

„Du hast doch wohl keine Angst?"

„Nein", sagte ich zweifelnd. „Aber ich will jetzt nach Hause."

Langsam begann ich den Hügel hinunterzureiten. Am liebsten wäre ich ja galoppiert, doch ich mußte vorsichtig sein, damit Melissa nicht strauchelte und sich ein Fesselgelenk verletzte. Ich war nun ziemlich ängstlich, versuchte jedoch, ruhig zu erscheinen. Meine Furcht hatte sich allerdings schon auf Melissa übertragen, denn ich merkte, daß sie nervös war.

Wir sind bald wieder im Stall, dachte ich, und beugte mich vor, um mein Pony beruhigend zu streicheln. Doch in diesem Augenblick erklang dicht neben mir ein furchtbarer Schrei! Etwas Schwarzes flog vor uns auf, und ich erschrak so, daß mir fast das Herz stehenblieb.

Melissa fuhr zusammen, stieg kerzengerade in die Luft und wieherte laut. Ich wäre beinahe aus dem Sattel gefallen! Dann stürmte sie vorwärts. Ich zog am Zügel, so fest ich nur konnte, doch es war zwecklos. Sie raste direkt auf den Wald zu, und ich mußte das Gesicht an ihren Hals drücken. Die Bäume zischten nur so vorbei, ein Zweig peitschte gegen meinen Arm, ich kniff die Augen fest zu und gab mir alle Mühe, im Sattel zu bleiben. Noch einmal streifte mich ein dürrer Zweig – da hatten wir den Wald hinter uns gebracht.

Gerade als ich einen Seufzer der Erleichterung ausstoßen wollte, weil ich einigermaßen heil davongekommen war, fiel mir etwas ein, was mich in neuen Schrecken versetzte: die Landstraße!

Melissa galoppierte wie der Blitz dem Stall zu, und um dorthin zu kommen, mußten wir die Landstraße überqueren. Ich zerrte und zog wieder am Zügel, um sie aufzuhalten, hatte jedoch keinen Erfolg.

Wir näherten uns der Gatteröffnung, die einem großen, schwarzen Loch ähnelte. Wenn nur kein Auto kommt! dachte ich immer wieder. Sonst geschieht vielleicht ein furchtbares Unglück! Ich glaube, ich habe mich in meinem ganzen Leben noch nie so gefürchtet.

Plötzlich hörte ich Bremsen kreischen. Mir lief es eiskalt über den Rücken. Jetzt sterbe ich, ging es mir durch den Sinn. Da verlor Melissa das Gleichgewicht und stürzte auf den glatten Asphalt. Alles um mich her kreiste und wirbelte, und ich hörte mich selbst einen Schreckensschrei ausstoßen. In diesem Augenblick war ich überzeugt, daß uns das Auto überfahren hatte.

Doch wie im Traum merkte ich, daß Melissa wieder auf die Beine kam. Vorsichtig hob ich den Kopf und sah einen Wagen direkt neben dem Gebüsch am Straßenrand stehen. Melissa hatte sich aufgerappelt und galoppierte wieder los, den Pfad hinauf, und blieb erst vor dem Stall so unvermittelt stehen, daß ich beinahe abgeworfen wurde. Dann stand sie ganz still da, und ich versuchte, mich ebenfalls nicht zu rühren. Ich blieb nur stocksteif sitzen und fühlte mich wie gerädert.

Meine Knie zitterten. Plötzlich brach ich in Tränen aus.

Ich weiß nicht, wie lange ich so auf Melissas Rücken saß, weinend und zitternd, bis ich Elisabeth endlich in langsamem Galopp näherkommen und ihre Stimme rufen hörte: „Hast du aber Glück gehabt! Sagenhaftes Glück! Das Auto war nur ein paar Meter von dir entfernt!"

Ich nickte bloß und trocknete meine Tränen.

„Ein großer Vogel flog auf und hatte Melissa erschreckt", fuhr Elisabeth fort. „Es muß ein Birkhuhn oder ein Käuzchen gewesen sein."

„Ja, geflogen ist es", sagte ich mit bebender Stimme.

„Figaro wollte Hals über Kopf hinterher, aber ich hab's vor dem Gatter geschafft, ihn zu zügeln. Ich fürchtete schon, du würdest überfahren werden! Als ich das Auto kommen hörte, hab ich die Augen zugemacht und geschrien. Und als ich endlich wieder wagte aufzusehen, galoppierte Melissa schon wie der Teufel auf der anderen Seite der Landstraße dem Stall zu. Du hattest wirklich unheimliches Glück."

Ich seufzte. „Ja, das hatte ich."

„Jetzt lassen wir die Pferde auf die Weide, und dann gehen wir nach Hause und legen uns ins Bett", sagte Elisabeth beruhigend.

Als wir heimkamen, unterhielten wir uns noch eine Weile darüber, wie dumm es ist, in der Dunkelheit auszureiten.

In dieser Nacht konnte ich lange nicht einschlafen.

Was fangen wir mit der Belohnung an?

Am nächsten Morgen erwähnte ich meinen Eltern gegenüber kein Wort von unserem nächtlichen Ausritt. Als ich jedoch zum Reitstall kam, erzählte ich meinen Freundinnen vom Ponyklub haarklein, was passiert war.

Ich mußte die Geschichte so oft wiederholen, daß ich schließlich das Gefühl hatte, als wäre alles schon vor langer Zeit geschehen.

Ja, über Langeweile kann ich mich wirklich nicht in diesen Ferien beklagen. Es sind so viele spannende und aufregende Dinge passiert, die sonst nur in Büchern vorkommen. Zuerst gründeten wir einmal unseren Ponyklub, und dann erlebten wir ein richtig unheimliches Abenteuer, das glücklicherweise sehr gut endete: Unser Klub erhielt nämlich eine hohe Belohnung, weil wir geholfen hatten, zwei Diebe mitsamt ihrer Beute zu fangen. Das mit der Belohnung konnten wir alle miteinander nicht recht glauben, bis Herr Erik eines Tages in unseren Klubraum kam und eine Zahlungsanweisung schwenkte.

„Hier ist Geld für euch, tausend Mark!“ sagte er und lächelte über unsere fassungslosen Gesichter.

„Tausend Mark?“ wiederholte ich vorsichtig. „Was sollen wir denn mit dem vielen Geld anfangen?“

„Das darfst du mich nicht fragen, Kiki“, erwiderte Herr Erik. „Es ist euer Geld, und ihr müßt selbst entscheiden, was ihr damit anfangen wollt.“

Herr Erik ist furchtbar nett. Ihm gehört Aspens Reitschule, und er ist ein wirklich großartiger Reitlehrer. Er versteht sich nicht nur auf Pferde, er weiß auch, wie man Reitschüler behandeln muß. In einem Nebengebäude seines Stalles befindet sich unser Klubzimmer.

Ohne Herrn Erik und seinen Reitstall wäre es furchtbar langweilig hier in unserer kleinen Stadt. So aber fehlt mir eigentlich nichts zu meinem Glück, denn ich habe eine Menge zweibeinige und vierbeinige Freunde. Meine besten zweibeinigen Freunde sind im gleichen Alter wie ich, also vierzehn, und gehören alle mit zum Ponyklub. Mein bester vierbeiniger Kamerad aber heißt Melissa – und sie gehört mir ganz allein!

Ich bin nämlich eine von den Glücklichen, die ein eigenes Pony besitzen. Sechs Jahre lang habe ich dafür gespart und geknausert, dann haben meine Eltern mir den Rest geliehen. Aber ich muß ihn erst zurückbezahlen, wenn ich mit meiner Ausbildung fertig bin und selbst Geld verdiene.

Ich habe Melissa selbst zugeritten, und das war alles andere als leicht! Aber es hat uns nicht geschadet – weder mir noch meinem Pony. Nun sind wir ausgezeichnet aufeinander eingespielt.

Doch ich wollte eigentlich nicht von meinem Pferd erzählen, sondern von dem Tag, als Herr Erik im Klubzimmer erschien und uns die Postanweisung übergab.

„Soll ich das Geld für euch in Verwahrung nehmen, bis ihr wißt, wozu ihr es verwenden wollt?“ fragte er.

„Ja, danke!“ erwiderten wir im Chor.

Herr Erik steckte die Zahlungsanweisung in sein Notizbuch, lächelte uns noch einmal zu und machte sich auf den Weg zur Hindernisbahn.

„Hm“, sagte ich schließlich. „Hat jemand von euch einen Vorschlag, wofür wir das Geld ausgeben könnten?“

Alle machten nachdenkliche Gesichter, doch niemand antwortete. So still war es bei einem Treffen des Ponyklubs noch nie gewesen. Sonst lachten wir immer, unterhielten uns laut

7756-16

Hat jemand einen Vorschlag, was wir mit dem Geld machen?

und diskutierten, doch nun schienen plötzlich alle die Sprache verloren zu haben. Ich sah meine Freundinnen der Reihe nach an. Zu meiner Rechten saß Elisabeth und spielte mit ihren Fingern; auf einer Kiste unter dem Fenster kauerten Ingrid und Lena und starrten zu Boden. Karin stand mit ungewöhnlich ernster Miene neben der Tür. Mitten im Zimmer saßen Anita und Marianne im Türkensitz. Ich selbst hatte mich auf dem einzigen Stuhl des Klubs niedergelassen und versuchte mir etwas Großartiges einfallen zu lassen. Doch ich hatte nicht eine einzige Idee.

„Reißt euch zusammen", sagte ich schließlich. „Vorschläge, wenn ich bitten darf!"

„Wir könnten Eis kaufen", meinte Karin.

„Pah – wo sollen wir denn Eis für so viel Geld unterbringen?" fragte Elisabeth. „Im Stall?"

„Wir könnten einen Kühlschrank für die eine Hälfte des Geldes kaufen und Eis für die andere", schlug Marianne vor.

„Und was tun wir mit dem Kühlschrank, wenn wir das Eis aufgegessen haben?" fragte Ingrid. „Gelbe Rüben und altes Brot?"

„Ich hab's!" rief ich dazwischen. „Wir kaufen ein Fohlen!"

„Ja, hurra!" schrien alle und klatschten in die Hände. „Wir kaufen ein Fohlen!"

Eine Zeitlang redeten wir wild durcheinander, doch plötzlich dämpfte Anita unsere Begeisterung, indem sie sagte: „Vielleicht ist das doch keine so gute Idee."

„Warum?" fragte ich.

„Weil Fohlen die schlechte Angewohnheit haben, zu wachsen und große Pferde zu werden", sagte Elisabeth. „Und wer soll sich um unser Fohlen kümmern, wenn es ausgewachsen ist? Wer soll es reiten? Wem gehört es? Diejenigen unter uns, die schon ein eigenes Pony haben, sind bestimmt nicht erpicht darauf, auch noch ein Siebtel von einem anderen Pferd zu besitzen. Und wir, die wir keine eigenen Pferde haben, fänden es zwar schön, gemeinsam eines zu bekommen, aber das ist wohl doch nicht so ganz gerecht gegen die anderen, oder?"

„Und außerdem könnte es Streit geben, wenn drei von uns gemeinsam ein Pferd reiten und putzen sollen", meinte Marianne. „Wer soll es beispielsweise zureiten? Das können wir ja nicht alle auf einmal tun!"

„Aber wir, die wir eigene Pferde haben, wären damit einverstanden, daß ihr euch in das Fohlen teilt, wenn's erwachsen ist", sagte ich. „Also . . ."

„Das ist nett von dir, Kiki", unterbrach mich Anita. „Aber wir haben das Geld alle miteinander bekommen, und deshalb soll jeder von uns gleich viel davon haben."

„Genau", bestätigte Marianne.

„Als Vorsitzende des Ponyklubs beschließe ich hiermit, daß wir für unser Geld kein Fohlen kaufen!“ sagte Elisabeth und schlug mit der Faust auf den Tisch.

„Dann müssen wir uns also etwas anderes ausdenken“, seufzte Karin.

Und so saßen wir wieder still da und grübelten.

Wir sind sieben Mädchen im Ponyklub. Vier von uns haben eigene Pferde: Star Dust ist Ingrids Pony, Lena hat Charlie, Karins Pferd heißt Munter und meines natürlich Melissa. Unsere drei anderen Freundinnen haben während des Sommers drei Pferde von der Reitschule gemietet. Elisabeth, die von uns allen die beste Reiterin ist, hat Figaro, Anita reitet auf Filur und Marianne auf Primus.

Wir sind alle gute Freunde, auch wenn es ab und zu mal kleine Reibereien gibt. Weder Ingrid noch Lena, Karin oder ich bilden uns etwas darauf ein, daß wir eigene Ponys haben. Und die anderen, die auf den Pferden der Reitschule reiten, sind auch nicht neidisch auf uns. Das, was uns am meisten interessiert, sind Pferde – und vor allem Ponys; ob man nun selbst eines hat oder nicht, spielt keine große Rolle. Die Hauptsache ist, daß man mit Begeisterung reitet und sich gern um Pferde kümmert, und das tun wir alle.

Ich weiß nicht, wie lange wir so saßen und nachdachten; vielleicht war es eine ganze Stunde. Doch dann stand Elisabeth plötzlich auf.

„Also hört mal“, sagte sie, „jetzt gehen wir zu den Pferden. Vielleicht fällt uns bis morgen etwas ein. Kommt jemand von euch mit zur Dressurbahn?“

„Ja, ich“, erwiderte Ingrid.

„Ich auch“, sagte Lena.

„Ich mache inzwischen ein paar Springübungen“, murmelte Marianne.

Karin sagte: „Wir essen heute früher zu Abend. Ich habe

versprochen, rechtzeitig nach Hause zu kommen, deshalb radle ich jetzt los."

„Ich reite in den Wald und springe mit Melissa auf der Geländebahn", beschloß ich.

Als wir zur Weide kamen, um unsere Pferde zu holen, lief mir Melissa entgegen und wieherte zur Begrüßung. Sie drückte ihre weiche Nase gegen meine Wange und sah mich mit erwartungsvollen Augen an.

„Ja, mein Mädel", sagte ich und streichelte sie, „jetzt reiten wir los und verschaffen uns ein bißchen Bewegung."

Ich führte sie von der Weide und ritt ohne Sattel mit ihr zum Stall hinunter. Während ich sie für den Geländeritt fertig machte, blieb sie ruhig stehen. Zuerst kratzte ich ihre Hufe aus, dann legte ich die Trense an. Anschließend sattelte ich sie sorgfältig. Dann klopfte ich Melissas Hals, stieg auf, zog ein letztes Mal am Sattelgurt und ritt zum Wald hinüber.

Die Geländebahn besteht aus einem Feld mit einem Graben in der Mitte und ist von Wald umgeben, so daß man die Hindernisse in der Reihenfolge nehmen kann, wie man gerade Lust hat.

Zuerst wählte ich einen Pfad ohne Hindernis. Der Weg führt einen Abhang hinunter und auf das Feld zu. Wir galoppierten an, und Melissa machte vor Freude einen kleinen Bocksprung. Sie war voller Energie und Übermut. Nachdem wir einmal rund ums Feld geritten waren, lockerte ich die Zügel und ließ sie laufen, wie sie wollte. Sie holte weit aus und schoß vorwärts, daß mir der Wind nur so in den Ohren brauste.

Nach einer Weile war Melissa locker und aufmerksam; ich ließ sie also antraben, und wir näherten uns dem ersten Hindernis. Es bestand aus aufeinandergelegten Baumstämmen, und Melissa nahm es im Trab, wie ich es von ihr verlangte, doch dann konnte ich sie nicht mehr zügeln. Im Galopp sausten wir auf das nächste Hindernis zu – eine Tanne, die quer über dem Pfad lag. Melissa setzte mit einem mächtigen Sprung darüber. Das dritte Hindernis war ein Kreuz aus Birkenstämmen, und es schien mein Pony nicht im geringsten zu beeindrucken, denn es war offenbar der Meinung, es mit einem flachen Sprung bewältigen zu können. Beinahe wäre es schiefgegangen! Ein dumpfes Krachen ertönte, als Melissa mit den Hinterhufen gegen den Stamm schlug, und eine Sekunde lang hielt ich den Atem an. Doch sie schnaubte nur spielerisch und galoppierte seelenruhig weiter.

Nun kam das Hindernis, das mir von der ganzen Geländebahn immer am aufregendsten erschienen war. Ich hatte stets ein etwas unheimliches Gefühl, wenn wir darüberspringen sollten. Es war ein Niedersprung von ungefähr einem Meter und sah wie eine riesengroße Stufe aus. Man kam aus dem Wald darauf zu und landete nach dem Sprung auf dem Feld. Es war wirklich großartig, andere dort springen zu sehen, aber wenn man selbst mit dem Pferd darauf zukam . . . Das kitzelte ganz schön im Magen, ähnlich wie beim Achterbahnfahren.

Es ist wichtig, daß das Pferd nicht merkt, wenn ein Reiter etwas unsicher oder ängstlich ist. Statt dessen soll man, wie es in den Lehrbüchern steht, mit „Schnelligkeit und Zielstrebigkeit" springen. Na, es ist leicht, so etwas zu schreiben, aber die Wirklichkeit sieht meistens anders aus.

Doch kneifen wollte ich auch nicht!

Ich biß die Zähne zusammen, und es war, als hätte ich Ameisen im Bauch, doch ich kümmerte mich nicht darum. Ich gab Melissa einen Schenkeldruck und fand mich selbst unglaublich kühn und sicher, voll Schnelligkeit und Zielstrebigkeit. Doch da täuschte ich mich gewaltig!

Als ich ein paar Meter vor dem Niedersprung war und dachte: Jetzt oder nie! hielt Melissa an, ging vorsichtig ein paar Schritte vorwärts, beschnupperte die Kante und – kletterte dann gemütlich den Abhang hinunter!

Ich wußte nicht, ob ich lachen oder böse sein sollte. Eigentlich war ich hauptsächlich böse. Dann beschloß ich, es noch einmal zu versuchen. Wir galoppierten um das Feld, ritten in den Wald, sprangen über das Hindernis aus Baumstämmen, die Tanne und das Kreuz. Es ging schnell, sehr schnell, vor zum Niedersprung, und dort – ein herrlicher Sprung! Und wir landeten perfekt. Ich hatte keinen Augenblick Angst gehabt. Herrlich war das!

Wir wiederholten den Sprung noch einmal, und nun wußte ich, daß er überhaupt nicht schlimm war, sondern richtigen Spaß machte.

Dann fand ich, daß es für heute genug war, ritt mit Melissa zum Stall zurück und sattelte sie ab. Anschließend führte ich sie auf die Weide und streichelte sie zur Belohnung.

Als ich mein Fahrrad vor dem Klubraum abholte, ritten Lena, Ingrid und Elisabeth noch immer auf der Dressurbahn. Ich winkte ihnen zu und rief: „Bis morgen!"

„Aber schlaf nicht bis mittags!" erwiderte Elisabeth.

„Ich komme um neun", versprach ich. „Tschüs!"

„Tschüs!" riefen sie dreistimmig zurück.

Großreinemachen im Ponyklub

An diesem Abend lag ich lange wach und versuchte mir etwas Fabelhaftes einfallen zu lassen, wofür wir unsere Belohnung verwenden konnten. Doch es gelang mir nicht. Wirklich dumm, so was! Da hat man Geld und weiß nicht, was man damit anfangen soll. Wenn man keines hat, gibt es immer tausenderlei Dinge, die man tun oder kaufen möchte.

Am nächsten Morgen erwachte ich um halb acht Uhr und frühstückte allein in der Küche. Papa war schon zur Arbeit gegangen, Mama wusch, und mein Bruder Michael lag noch im Bett und schnarchte so, daß er die Musik im Radio übertönte. Er hat eine unglaubliche Fähigkeit, tagsüber zu schlafen und nächtelang wachzuliegen und seltsame Bücher über Raumschiffe, Eishockeyspieler und andere Absonderlichkeiten zu lesen, von denen ich nichts verstehe. Warum interessieren sich nicht alle Menschen für Pferde? Das ist doch das Schönste, was es gibt!

Um halb neun Uhr war ich fertig. Ich holte mir einen Apfel aus der Speisekammer und steckte ihn in meine Jackentasche, schlich in Michaels Zimmer, zog ihm die Decke weg und rief: „Aufwachen, du Schlafmütze, der Zug fährt gleich ab, und draußen schneit's!“

Doch er wußte meinen Humor nicht zu würdigen, sondern stieß nur ein unverständliches Gebrumm aus, das äußerst bösartig klang; dann steckte er seinen Kopf unters Kissen und fing wieder zu schnarchen an.

Er ist ein hoffnungsloser Fall. Aber vielleicht bessert er sich, wenn er in den nächsten Jahren viel Milch trinkt.

Ich radelte also zum Reitstall. Elisabeth war bereits zur Stelle.

Ich sah ihre rotgestreifte Bluse und ihre ausgewaschenen Jeans schon von weitem. Sie stand allein vor der Stalltür und sah zum Himmel auf.

„Hallo“, sagte ich und sprang vom Fahrrad. „Bist du die erste?“

„Nein, ich bin nur rausgegangen, um nachzudenken. Die anderen sitzen im Klubraum und tun das gleiche.“

„Was, das gleiche?“

„Nachdenken, natürlich.“

„Ach so. Hat schon jemand einen brauchbaren Einfall?“

„Hallo, was machst du denn so allein hier!“ rief Kiki

Elisabeth schüttelte den Kopf und fragte mich nach einer Weile: „Hast du eine Idee?“

„Nein, mein Kopf ist wie ein ausgehöhlter Kürbis.“

Als wir ins Klubzimmer kamen, verneigte sich Anita tief vor mir. „Guten Morgen, Kiki“, sagte sie. „Haben Gnädigste schon ausgeschlafen?“

Ich streckte ihr die Zunge heraus und mußte lachen. „Eines schönen Tages werde ich als erste hier sein!“

„Wer's glaubt, wird selig“, sagte Anita. „Hast du einen Vorschlag, was wir mit unserem Geld tun könnten?“

„Nein, leider nicht.“

„Ich finde, es hat keinen Sinn, hier herumzusitzen und sich den Kopf zu zerbrechen", meinte Lena. „Wahrscheinlich ist es besser, wenn einfach alles so läuft wie bisher, dann haben wir vielleicht eher einen Geistesblitz. Wenn man sich so anstrengt, kommt überhaupt nichts dabei heraus."

Ich nickte zustimmend.

„Vielleicht hast du recht", erwiderte Elisabeth. „Schließlich haben wir's ja nicht so eilig, unser Geld auszugeben."

Marianne war der gleichen Meinung. „Die tausend Mark verschwinden ja nicht, während wir uns die Sache überlegen."

„Und was sollen wir machen, während wir darüber nachdenken?" fragte ich und zog meine Jacke aus.

„Ich schlage vor, daß wir heute die Pferde waschen und Großreinemachen mit unseren Reitsachen veranstalten", sagte Anita.

Karin seufzte. „Das klingt nicht besonders verlockend."

„Nein, aber notwendig und nützlich ist es", erwiderte Lena.

„Laßt uns also mit frischem Mut den Kampf gegen den Schmutz aufnehmen!" predigte Ingrid mit übertriebener Feierlichkeit. „Volle Kraft voraus, hier kommt der hygienische Ponyklub! Abteilung vorwärts, marsch!"

„Hör auf damit, das erinnert mich an die Turnstunden in der Schule", brummte ich und schnitt eine Grimasse.

„Verdirb uns doch nicht den schönen Tag damit, daß du von der Schule redest!" sagte Karin vorwurfsvoll.

„Heraus mit den Kisten und vor mit den Pferden!" kommandierte Elisabeth.

„Wir müssen zwei Abteilungen bilden", schlug Lena vor. „Ein paar kümmern sich zuerst um ihre Gerätekisten, während die anderen ihre Pferde waschen, und dann tauschen wir. Sonst kommen wir ins Gedränge."

Lena, Anita und ich gingen also zur Weide, um unsere Pferde zu holen. Sie kamen uns sofort entgegen, und wir führten sie langsam zum Stall. Da es länger dauert, eine Kiste voller Reitutensilien in Ordnung zu bringen als ein Pferd gründlich zu säubern, hatten wir keine Eile. Lena ging mit Charlie voraus, dann folgte Anita mit Filur, und zuletzt kam ich mit Melissa.

Das Wetter war ideal für unser Vorhaben. Wenn es draußen kalt ist, können sich Pferde nach der Wäsche leicht erkälten, doch heute war es warm. Es bestand also keine Gefahr, daß sie sich Husten oder Schnupfen holten.

An der Längsseite des Stalles halfterten wir die Pferde an. Dann füllten wir unsere Eimer mit Wasser und machten unsere Ponys richtig naß – vom Kopf bis zu den Hufen. Melissa erschrak anfangs ein wenig. Als sie jedoch merkte, daß die Sache völlig ungefährlich war, stand sie still und genoß es.

Nun kam das Einschäumen an die Reihe. Natürlich gibt es spezielle Pferdeshampoos, doch wir verwenden immer gewöhnliches Haarwaschmittel, weil das billiger ist und die gleiche Wirkung erzielt. Wir schäumten die Pferde also von oben bis unten ein, mit Ausnahme der Köpfe. Es passiert sonst leicht, daß ihnen Shampoo in die Augen kommt, und das brennt höllisch.

„Jetzt werden sie aber schön", sagte Anita.

Ich war die erste, die das Shampoo abzuspülen begann. Das muß sehr sorgfältig gemacht werden, denn wenn Reste davon im Fell zurückbleiben, können die Pferde Juckreiz bekommen. Ist alles Shampoo abgewaschen, so muß man das Pferd in Bewegung halten, bis es trocken ist. Wir gingen also langsam mit Charlie, Filur und Melissa zur Weide hinauf und wanderten zuerst einen großen Bogen außerhalb des Zaunes und dann kreuz und quer über die Weide, bis unsere Ponys völlig trocken waren. Wenn Pferde frisch gewaschen sind, sehen sie wunderschön aus; ihr Fell ist weich und glänzt herrlich. Und das seltsamste ist, daß sie nicht einmal mehr nach Pferd riechen!

Ingrid, Karin, Elisabeth und Marianne waren ebenfalls fertig und warteten schon auf uns, als wir zurückkamen.

„Also, laßt hören, auf was für glänzende Ideen ihr gekommen seid!" rief uns Elisabeth entgegen.

„Ich hab's völlig vergessen", sagte ich.

„Was vergessen?" fragte Karin.

„Was wir mit unserem Geld anfangen sollen, natürlich", erwiderte Ingrid.

„Ach so", murmelte Anita.

„Also?" fragte Elisabeth.

„Nichts", seufzte Lena. „Und ihr?"

„Uns geht's genauso", gestand Ingrid. „So was Dummes, daß uns überhaupt nichts einfällt."

Alle nickten zustimmend.

Eine Weile saßen wir schweigend da. Ich zog meinen Holzpantoffel aus, zeichnete mit der großen Zeh ein Muster in den Sand und versuchte, mir etwas einfallen zu lassen. Doch alles, was mir in den Sinn kam, war Essen.

„Ich hab Hunger", sagte ich plötzlich.

„Soll das heißen, daß wir uns für das Geld etwas zu essen kaufen sollen?" wollte Anita wissen.

Ich schüttelte den Kopf. „Nein, das soll heißen, daß ich jetzt nach Hause radle und etwas gegen meinen Hunger tue."

„Ja, man kann besser nachdenken, wenn man satt ist", stimmte mir Karin zu und stand auf. „Ich gehe auch."

„Ihr seid richtige Vielfraße", sagte Elisabeth. „Ihr denkt immer nur ans Essen."

„Nö, wir denken auch an Pferde", versicherte Karin.

Alle, mit Ausnahme von Ingrid, die ein paar belegte Brote mitgebracht hatte, standen ebenfalls auf, und wir fuhren in verschiedenen Richtungen davon.

Nach einem üppigen Mittagessen, bestehend aus Spaghetti mit Tomatensauce und viel Parmesankäse, war ich die erste, die wieder beim Reitstall eintraf. Ein paar Minuten nach mir kamen auch Lena und Anita, und gemeinsam schleppten wir unsere Materialkisten ins Freie.

Reitsachen säubern – das ist eine merkwürdige Arbeit. Sie ist langweilig und anstrengend, aber auch lustig und angenehm. Ich nahm alle Gegenstände aus meiner Kiste und legte sie ins Gras: Striegelbürste, Sanitätskasten, Decke, Trense, Stirnband, Reitkappe, Gerte, Hufschmiere, Sattelseife, Lederfett, Hufkratzer, Halfter und so weiter. Es wurde ein richtiger Berg.

Wir hatten unsere Reitsachen alle blau und weiß angestrichen; das sind nämlich die Farben unseres Klubs. Das Muster hatte jeder selbst wählen dürfen; so ist eine kunterbunte Mischung aus Quadraten, Dreiecken, Sternen und Streifen daraus geworden. Ich selbst habe kleine weiße Karos auf die Kanten der verschiedenen Gegenstände gemalt und den Rest dunkelblau gelassen, weil es so am einfachsten war. Und es sieht wirklich hübsch aus.

Nach zweieinhalbstündiger Schufterei trafen wir uns alle im Klubraum.

„Ich bin immer so zufrieden mit mir selbst, wenn ich den ganzen Tag saubergemacht habe!“ sagte Elisabeth.

„Ja, aber was machen wir mit dem Geld?“ erwiderte Karin ein wenig brummig.

„Wir könnten ja unsere Eltern fragen, vielleicht haben die eine brauchbare Idee“, meinte Lena.

„Nein, unsere Eltern lassen wir aus dem Spiel“, sagte Anita bestimmt. „Wenn wir's geschafft haben, uns das Geld ohne ihre Hilfe zu verdienen, können wir's auch allein wieder ausgeben.“

„Sehr richtig!“ rief ich.

„Jeder von uns könnte doch heute abend eine Liste mit verschiedenen Vorschlägen machen und morgen mitbringen", meinte Marianne.

„Heute abend tue ich gar nichts mehr", sagte Ingrid aufsässig. „Ich bin nämlich müde."

„Aber wir müssen uns etwas einfallen lassen!" beharrte Marianne. „Wir haben nur noch vier Wochen Ferien."

„Vier Wochen und drei Tage", verbesserte Elisabeth.

Ein nachdenkliches Schweigen folgte. Dann stand Elisabeth auf. „Ich gehe jetzt nach Hause", sagte sie.

„Will keiner von euch reiten?" fragte ich.

„Nein", erwiderten die anderen. „Wir lassen die Pferde heute ein bißchen ausruhen."

Ich hatte zwar vorgehabt, noch auszureiten, doch allein machte es mir keinen Spaß. Also zuckte ich mit den Achseln und ging mit meinen Freundinnen zu den Fahrrädern.

Am Abend sah ich einen traurigen Film im Fernsehen und lag dann noch eine Stunde wach im Bett, sah zur Zimmerdecke und hoffte, daß mir eine phantastische Idee in den Kopf geflogen käme. Doch das einzige, was geflogen kam, war eine Mücke. Um das ekelhafte Summen nicht länger mitanhören zu müssen, zog ich mir die Decke über den Kopf und schlief ein.

Wir fassen einen Entschluß

Es war kurz nach neun Uhr, als ich zum Stall kam. Vor der Tür unseres Klubraumes war fast der ganze Ponyklub versammelt. Nur Karin fehlte noch.

An den düsteren Mienen der anderen merkte ich, daß auch ihnen noch kein Geistesblitz gekommen war.

„Wir setzen also unsere ganze Hoffnung auf Karin", sagte Marianne.

Und gerade da kam Karin angeradelt. Sie schwenkte einen Umschlag und rief etwas, was wir nicht verstanden. Dann sprang sie vom Fahrrad und lief auf uns zu.

„Ich weiß, was wir tun!" keuchte sie. „Seht mal!"

Sie streckte uns zwei Prospekte entgegen.

„Was ist das?" fragte ich.

„Reiseprospekte für Reitferien!" antwortete sie strahlend.

„Woher hast du die?"

„Meine große Schwester war gestern in einem Reisebüro und hat sich Prospekte geholt und mitten unter den ganzen Angeboten für Badeurlaub und Kreuzfahrten waren auch die beiden hier."

Wir rückten dichter zusammen und sahen uns die Sache genauer an.

In der ersten Broschüre ging es um eine Reise nach Israel, wo man nach Cowboyart durchs Land reiten und im Freien übernachten konnte. Der zweite Prospekt pries Reitferien in Ungarn an.

„Na, was sagt ihr jetzt?" fragte Karin schließlich.

„Wir können weder nach Israel noch nach Ungarn fahren", sagte ich. „So eine Reise kostet ja mindestens sechs- oder siebenhundert Mark für eine Person. Und wir sind doch sieben Leute und haben zusammen nur tausend Mark!"

Karin machte ein enttäuschtes Gesicht. „Daran habe ich nicht gedacht."

„Aber eine von uns könnte doch wenigstens fahren", meinte Anita nachdenklich.

„Sollen wir das Los entscheiden lassen?" fragte Ingrid.

„Oder wollen wir einen Reitwettkampf veranstalten, und der Sieger bekommt die Reise?" überlegte Marianne.

„Das wäre ungerecht", erwiderte ich.

Lena stimmte mir zu. „Ich finde, wir sollten alle miteinander etwas von dem Geld haben."

„Aber Reitferien in Israel oder Ungarn, das klingt natürlich ganz prima", sagte Ingrid zu Karin. „Wenn ich erwachsen bin und selbst Geld verdiene, fahre ich bestimmt mal in eines dieser Länder."

„Dann komme ich mit", antwortete Karin lächelnd.

Ich sah Elisabeth an. Sie hatte die ganze Zeit über kein Wort gesagt, hielt den Kopf gesenkt und starrte auf den Boden. Offenbar war sie in tiefes Nachdenken versunken, oder sie träumte vor sich hin.

„Schläfst du?" fragte ich und versetzte ihr einen Puff.

Sie hob den Blick und machte ein ernstes Gesicht.

„Nein, ich schlafe nicht", sagte sie. „Ich habe nachgedacht."

Und dann verfiel sie wieder in Schweigen.

Wir anderen warteten einige Zeit, doch schließlich hielt ich es nicht länger aus. „Worüber hast du denn nachgedacht? Ist dir etwas eingefallen, was wir gemeinsam unternehmen könnten?"

Elisabeth runzelte die Stirn und erwiderte: „Diese Prospekte haben mich auf eine Idee gebracht."

Ich war so neugierig, daß ich fast platzte, und den anderen ging es genauso, doch wir wußten schon, daß es keinen Sinn hatte, Elisabeth zu drängen.

Endlich stand sie auf und sagte: „Ich habe hin und her gedacht, kreuz und quer, vor und zurück – und mir ist nichts eingefallen, was gegen meinen Vorschlag einzuwenden wäre."

Dann war sie wieder still.

„Spanne uns nicht länger auf die Folter!" brummte ich. „Was ist es denn für ein Vorschlag?"

„Ja, heraus mit der Sprache, sonst bringt mich die Neugier um!" rief Marianne.

„Ich schlage vor, wir sollten für acht Tage eine Reittour unternehmen!“

„Immer mit der Ruhe“, sagte Elisabeth, setzte sich wieder ins Gras und sah uns nachdenklich an. Dann lächelte sie. „Die Sache ist so“, begann sie langsam. „Ich finde, wir sollten eine Reittour unternehmen. Am Montag könnten wir losreiten und acht Tage unterwegs sein, also bis nächsten Montag. Was meint ihr dazu?“

Grabesstille trat ein. Keiner sagte ein Wort.

In meinem Kopf wirbelte es. Acht Tage Reittour – das klang herrlich! Doch was würden unsere Eltern dazu sagen? Würden es die Pferde schaffen? Wo sollten wir übernachten? Wohin sollten wir reiten?

Plötzlich begannen alle durcheinanderzureden.

„Das klingt ja fabelhaft!“

„Wir könnten das Geld für unsere Verpflegung und das Pferdefutter ausgeben!“

„Prima!“

„Au ja, das tun wir!“

„Du bist ein Genie, Elisabeth!“

„Wir fangen sofort zu packen an!“

So begeistert ging es eine Zeitlang weiter, und alle sahen froh und glücklich aus. Doch dann begannen einige von uns nachdenkliche Gesichter zu machen, und bald darauf verstummten die Entzückensrufe.

„Glaubt ihr, daß unsere Eltern uns allein fortlassen?" fragte Marianne kleinlaut.

„Ob unsere Pferde es schaffen, acht Tage unterwegs zu sein?" überlegte Karin.

Und Lena fragte: „Wo sollen wir schlafen, wenn's regnet?"

„Meint ihr, daß wir die Pferde der Reitschule mitnehmen dürfen?"

„Sicher, Herr Erik ist doch immer so nett . . ."

„Und wie kochen wir unser Essen?"

„Nur keine Aufregung", sagte Elisabeth. „Eines nach dem anderen. Das wichtigste ist erst mal, daß unsere Eltern einverstanden sind. Wir müssen ihnen vor allem klarmachen, daß so eine Reittour gar nicht anstrengend ist. Mehr als sieben, acht oder höchstens zehn Kilometer pro Tag schaffen wir sowieso nicht. Und das bedeutet, daß wir gar nicht so weit von zu Hause entfernt sein werden. Ich meine, wenn irgend etwas passieren sollte, könnten sie uns leicht holen. Wir sollten ihnen auch versprechen, daß wir jeden Tag zu Hause anrufen und erzählen werden, wie es uns geht und wo wir gerade sind."

„Das klingt ja recht einfach", erwiderte Lena zweifelnd. „Aber ich hab das ungute Gefühl, daß meine Eltern nein sagen, sobald sie nur das Wort Reittour hören. Und dann nützt es nichts mehr, ihnen klarzumachen, daß wir zu Hause anrufen und gar nicht so weit weg sein werden . . ."

„Genauso ist es", seufzte ich. „Wie bringt man Erwachsene dazu, zu begreifen, daß so eine Reittour keine gefährliche Angelegenheit ist?"

„Wir müssen eben einen gemeinsamen Schlachtplan entwickeln, wie wir es unseren Eltern am besten beibringen, damit sie uns die Erlaubnis geben", sagte Elisabeth.

„Du meinst wohl, daß wir alle ungefähr auf die gleiche Art fragen sollen?" erwiderte Elisabeth.

„Aber wenn dieser Schlachtplan nicht bei allen wirkt, was machen wir dann? Wenn beispielsweise fünf von uns reiten dürfen und zwei nicht?" fragte ich.

„Alle müssen mitkommen", sagte Elisabeth. „Sonst gehen wir überhaupt nicht auf Reittour."

„Bravo!" riefen wir alle.

„Gemeinsam oder gar nicht!" verkündete Elisabeth bestimmt.

Ingrid sagte eifrig: „Das könnten wir doch eigentlich zu unserem Wahlspruch machen!"

„Was?" fragten wir.

„‚Gemeinsam oder gar nicht', natürlich", erwiderte sie. „Alle richtigen Klubs haben einen Wahlspruch oder ein Motto."

„Wozu braucht man so was?" erkundigte ich mich.

„Ein Wahlspruch drückt das Ziel eines Klubs aus", erklärte Ingrid. „Bei den Pfadfindern heißt es zum Beispiel: Allzeit bereit. Das weißt du doch wohl?"

Ich nickte.

„Als Vorsitzende des Ponyklubs schlage ich also vor, daß wir ‚Gemeinsam oder gar nicht' zum Wahlspruch unseres Klubs erklären. Seid ihr alle einverstanden?" fragte uns Elisabeth.

„Ja!" riefen wir im Chor.

„Dann ist das beschlossen." Elisabeth schlug mit der Faust auf den Boden.

„Du erschreckst die armen Regenwürmer zu Tode, wenn du so auf der Erde herumtrommelst", kicherte Karin.

„Ich finde, wir sollten unseren Wahlspruch auf ein großes

Plakat malen, das wir an der Wand im Klubraum aufhängen", schlug Ingrid vor.

„Das tun wir, wenn's einmal regnet", erwiderte Elisabeth. „Jetzt müssen wir uns erst mal einen Plan zurechtlegen, wie wir unsere Eltern dazu bringen, uns die Erlaubnis zur Reittour zu geben. Also, paßt mal auf. Wenn wir heimkommen, fangen wir vielleicht am besten so an . . ."

Kiki braucht ihre ganze Überredungskunst

Beim Abendessen startete ich einen vorsichtigen Angriff auf meine Eltern. Dabei folgte ich genau dem Plan, den wir im Ponyklub unter Elisabeths Anleitung ausgearbeitet hatten.

Ich fühlte mich unsicher und glaubte, man müsse mir meine Nervosität schon von weitem ansehen. Doch meine Eltern und auch mein Bruder Michael schienen es nicht zu merken, daß ich all meinen Mut für das bevorstehende Gefecht zusammennahm.

Nach dem nächsten Fleischklößchen fange ich an, dachte ich und kaute entschlossen an einem Bissen.

„Melissa geht's gut", sagte ich schließlich. „Sie genießt den Sommer so richtig."

„Fein", erwiderte mein Vater.

„Jetzt fängt sie schon wieder an von Pferden zu quasseln!" stöhnte Michael. „Ist denn in deinem Kopf für nichts anderes Platz?"

„Nein, nie im Leben!" sagte ich. „Was Besseres als Pferde gibt es nicht."

Michael begann zu pfeifen, wurde jedoch von Papa zurechtgewiesen.

Plötzlich wußte ich überhaupt nichts mehr. Was sollte ich

jetzt sagen? Was hatten wir ausgemacht? Ach so, jetzt fiel es mir wieder ein!

„Das Gute an Pferden ist ja, daß man im Umgang mit ihnen Verantwortung lernt", sagte ich und begann das letzte Fleischklößchen zu vertilgen.

„Mit vollem Mund spricht man nicht", brummte Michael.

„Ich finde, durch Melissa bin ich erwachsener geworden", fuhr ich fort. „Meint ihr nicht?"

„Doch", antwortete Mama. „Das Pony ist sicher gut für dich."

„Wenn man sich um ein Pferd kümmert, lernt man ständig etwas dazu", deklamierte ich weiter.

Mein Vater nickte.

„Schlamperei gibt's nicht, wenn man Verantwortung für ein Pferd trägt", sagte ich ruhig, obwohl ich innerlich vor Aufregung zitterte.

Mama lächelte mir zu.

„Und durch jede neue Situation sammelt man Erfahrung", behauptete ich feierlich.

„Freilich, das ist selbstverständlich", bestätigte Papa.

„Also muß ich dauernd neue Erfahrungen machen, um größere Verantwortung sowohl für mein Pferd als auch für mich tragen zu können", fügte ich ernst hinzu.

Meine Eltern sahen mich verwundert an, und Michael machte ein neugieriges Gesicht. Ich holte tief Luft und sagte: „Jetzt muß ich also bald eine ganz neue Erfahrung machen, um mein Verantwortungsbewußtsein richtig zu stärken."

Ich hatte selbst den Eindruck, daß das steif und gekünstelt klang, doch anders konnte ich es nicht ausdrücken.

„Es ist doch gut, daß ich mich weiterentwickle?" fragte ich.

„Sehr gut", versicherte Papa.

„Wir sind froh, daß du soviel Verantwortungsbewußtsein hast", sagte Mama.

Michael schnitt eine Grimasse. Ich schenkte ihm jedoch keine Beachtung, sondern fuhr fort: „Ihr habt doch wohl nichts dagegen, daß ich es lerne, für mich und mein Pferd selbst zu sorgen?"

„Nein, durchaus nicht", sagte Papa. „Mach nur weiter so."

„Deine Liebe zu Pferden gefällt Papa und mir wirklich, und wir tun alles, um dich dabei zu unterstützen", fügte meine Mutter hinzu.

Jetzt, dachte ich, ist der richtige Augenblick gekommen! „Dann habt ihr doch sicher nichts dagegen, wenn ich die Verantwortung für mich und Melissa eine Woche lang Tag und Nacht ganz allein übernehme?" sprudelte ich hervor und war vor angstvoller Erwartung wie gelähmt.

Es wurde ganz still im Eßzimmer. Mama sah Papa an, und Papa machte ein überraschtes Gesicht. Michael musterte mich verdutzt. Ich versuchte fröhlich zu lächeln, doch es gelang mir wohl nicht besonders gut. Eigentlich wäre ich am liebsten aufgestanden und aus dem Zimmer gestürzt. Doch ich schaffte es, sitzen zu bleiben, indem ich mich so fest an die Tischkante klammerte, daß meine Finger mir weh taten.

„Was soll das heißen?" fragte Mama schließlich.

„Und was soll daran so gut sein, daß du eine Woche mit Melissa allein verbringst?" warf mein Vater ein.

„Das ist doch ganz einfach", sagte ich. „Wenn ich mit Melissa eine ganze Woche lang Tag und Nacht beisammen bin, jede Stunde, lerne ich, mich ganz selbständig um alles zu kümmern. Ich werde mehr Verantwortung haben und bekomme mehr Selbstsicherheit – und das ist doch gut, oder nicht?" fügte ich mit nervösem Zittern in der Stimme hinzu.

„Willst du die ganze Zeit im Reitstall wohnen?" fragte Mama.

Ich schüttelte den Kopf. „Nein. Ich möchte auf Reittour gehen."

Als das heraus war, fühlte ich mich plötzlich wieder ruhig. All meine Aufregung verschwand mit dem Zauberwort „Reittour". Nun konnte ich auf ihre Antwort warten – ja oder nein.

„Reittour?" wiederholte Mama verwundert.

„Wollt ihr nachts reiten?" fragte Michael.

„Nein", erwiderte ich. „Wir werden ..."

„Halt, halt!" unterbrach mich Papa. „Was stellst du dir eigentlich unter einer Reittour vor? Und wer soll mit von der Partie sein?"

„Ja, das ist nämlich so", erwiderte ich und erzählte meiner Familie die ganze Geschichte von Anfang an – welche Schwierigkeiten es uns bereitet hatte, einen guten Verwendungszweck für unser Geld zu finden, und wie uns schließlich doch etwas eingefallen war. Ich sagte ihnen auch, daß die Reittour, die wir planten, weder lang noch anstrengend wäre. Außerdem versprach ich, daß wir jeden Tag zu Hause anrufen würden, und abschließend erklärte ich noch, daß alle Mitglieder des Ponyklubs mitmachen wollten. Natürlich vergaß ich auch nicht, darauf hinzuweisen, daß es sowohl für uns Mädchen als auch für die Pferde eine nützliche und großartige Erfahrung wäre, ganz allein zurechtkommen zu müssen.

Als ich zu reden aufgehört hatte, sagte keiner ein Wort.

Ich musterte meine Eltern vorsichtig; weder mein Vater noch meine Mutter sahen übermäßig besorgt aus. Bestand vielleicht wirklich Hoffnung, daß ich Erlaubnis erhielt, auf Reittour zu gehen? Ich warf Michael einen Blick aus den Augenwinkeln zu. Er sah mich eine Weile ernst an; dann zwinkerte er mir plötzlich aufmunternd zu. Ich lächelte schnell zurück, ehe ich meine volle Aufmerksamkeit wieder meinen Eltern zuwandte.

Papa räusperte sich ein paarmal und sagte: „Du bist also jetzt vierzehn Jahre alt."

„Und ihr wollt eine Woche lang allein zurechtkommen?"

„Ich bin über vierzehn", verbesserte ich mit leiser, aber fester Stimme. „Im Winter werde ich fünfzehn."

„Nun wollen sieben Mädchen eine Woche lang ganz allein zurechtkommen", bemerkte Mama nachdenklich.

„Sieben Mädchen mit sieben Pferden, jawohl."

„Und was ist mit denen, die keine eigenen Ponys haben?" fragte Michael. „Bekommen sie sie von der Reitschule geliehen?"

„Das ist bestimmt keine Schwierigkeit", erwiderte ich und versuchte, meiner Stimme einen zuversichtlichen Klang zu verleihen. Ich wollte gar nicht daran denken, wie furchtbar es sein würde, wenn alle Eltern ihre Einwilligung geben und Herr Erik sich schließlich weigern würde, Figaro, Filur und Primus an Elisabeth, Anita und Marianne zu verleihen.

„Was tut ihr, wenn euch jemand überfällt?" fragte Mama.

Ich erwiderte lächelnd: „Wer soll wohl sieben Reiterinnen überfallen?"

„Was macht ihr, wenn eine von euch krank wird?" wollte Papa wissen.

„Dann rufen wir gleich zu Hause an."

„Und wenn ein Pferd sich verletzt, was ist dann?" fragte Michael.

„Dann reiten ein paar von uns zum Reitstall zurück und bitten Herrn Erik, mit dem Transportauto zu kommen."

„Aber was eßt ihr? Und woher bekommt ihr Futter für eure Pferde?"

Ich erwiderte: „Das ist nicht so schwierig, Papa. Wir nehmen ganze Mengen belegte Brote mit und kaufen uns unterwegs heiße Würstchen und solche Sachen. Und es gibt doch überall Bauern, die bestimmt nichts dagegen haben, wenn wir die Pferde auf ihren Weiden grasen lassen."

„Wo wollt ihr übernachten?" fragte Mama besorgt.

„In Schlafsäcken unter den Bäumen", erwiderte ich. „Oder in Heuschobern."

„Aber wenn es regnet?"

„Wenn das Wetter zu schlecht ist und wenn's zu sehr schüttet, kehren wir um und reiten heim", versprach ich. „Ihr glaubt doch wohl nicht, daß es uns Spaß macht, triefnaß durch die Gegend zu zockeln?"

„Können wir uns darauf verlassen?"

„Ja, das könnt ihr! Wir wollen euch ja beweisen, daß wir für uns selbst und die Pferde sorgen können. Das ist doch der Sinn unserer ganzen Reittour!"

„Aber ist das nicht ein bißchen leichtsinnig, wenn so junge Mädchen eine Woche lang allein unterwegs sind?" seufzte Mama.

„Ihr habt doch zuerst selbst gesagt, daß es gut ist, wenn wir mehr Verantwortung lernen", sagte ich. „Und eine Reittour ist eine ausgezeichnete Gelegenheit zu beweisen, daß wir allein mit allem zurechtkommen! Wenn man dreißig ist, ist's ja nichts Besonderes, so etwas zu unternehmen – jetzt, in unserem Alter, lernt man etwas dazu!"

„Aber wie du die Verantwortung für Melissa hast, tragen wir auch die Verantwortung für dich", wandte meine Mutter ein.

„Ich weiß", sagte ich und war schrecklich froh, daß meine Eltern nicht sofort nein gesagt hatten.

„Morgen beim Frühstück erfährst du, wozu wir uns entschlossen haben", sagte mein Vater schließlich.

Als ich im Bett lag, kam es mir vor, als wäre es noch unendlich lange bis zum nächsten Tag. Wie sollte ich schlafen können, so unruhig und aufgeregt wie ich war?

Ein paarmal stand ich wieder auf, schlich aus meinem Zimmer und lauschte an der Wohnzimmertür, um zu hören, was meine Eltern über die geplante Reittour sagten. Doch ich vernahm nur undeutliches Gemurmel.

Es war schon spät, als ich mir endlich die Decke über den Kopf zog. Ich hielt die Daumen, so fest es ging, und mormelte vor mich hin: „Hoffentlich sagen sie ja, sie müssen ja sagen . . ."

Hurra, wir gehen auf eine Reittour!

Ich hatte das Gefühl, vor Glück zu platzen! Wie ein Irrwisch raste ich in den Garten, schlug einen Purzelbaum auf dem Rasen, sauste in die Küche zurück und aß in Rekordzeit einen Teller Corn-flakes mit Milch leer. Dann schwang ich mich wie ein Rennfahrer aufs Fahrrad und fuhr freihändig die Straße zum Reitstall entlang.

Meine Mutter hatte mir nämlich vor einer Viertelstunde eröffnet, daß ich die Reittour mitmachen dürfe!

Als sie das sagte, war ich vor Freude ganz wirr im Kopf und wäre beinahe vom Stuhl gefallen.

„Aber denk daran“, hatte sie hinzugefügt, „daß jeden Tag eine von euch zu Hause anrufen muß, damit wir Bescheid wissen, wie es euch geht!“

Ich fiel ihr um den Hals. „Natürlich, Mama – und vielen, vielen Dank!“

Als ich so auf dem Fahrrad dahinsauste, war ich vor Begeisterung wie beschwipst und hatte völlig vergessen, daß ja alles davon abhing, ob der ganze Ponyklub die Erlaubnis bekam, mitzureiten. Falls auch nur eine nicht mit auf Reittour durfte, fiel ja alles ins Wasser! Wir mußten doch unserem Wahlspruch treu bleiben: Gemeinsam oder gar nicht! Dieser furchtbare Gedanke traf mich wie ein Blitz, als ich auf den Kiesweg zum Stallhügel einbog, und vor Schreck wäre ich beinahe ins Gebüsch gefahren. Wie fürchterlich, wenn die Eltern von irgend jemandem nein gesagt haben! Was sollten wir dann tun, um sie zu überreden? Schimpfen? Weinen?

Pfui Teufel, es lief mir eiskalt über den Rücken, während ich im Leerlauf langsam zum Stall hinunterrollte. War ich als erste gekommen?

Ich sprang vom Fahrrad und schob es die letzten Meter. Gerade als ich den Stall erreichte, kam es mir vor, als hörte ich laute Stimmen. Ich schlich vorwärts, lehnte mein Rad an die Mauer und lauschte angestrengt. Die Geräusche kamen aus dem Klubraum. Waren es Jubelrufe oder war es Jammergeschrei?

Ich drehte mich um und zählte die Fahrräder. Eins, zwei, drei, vier, fünf, sechs – und dazu noch meines. Ich war also die letzte. Während ich mich dem Klubraum näherte, wurde das Geschrei immer lauter – und es waren Jubelrufe! Ich vollführte einen Luftsprung, stürzte auf die Tür zu und riß sie auf.

Meine Freundinnen vom Ponyklub tanzten durchs Zimmer – also war alles in Ordnung! Jede einzelne hatte die Erlaubnis für die Reittour bekommen! Ich war vor Freude wie gelähmt, blieb stocksteif stehen und sagte kein Wort. Da verstummte das Geschrei und Gelächter, und die anderen starrten mich an. Ich war so verdutzt über die plötzliche Stille, daß ich einfach nur zurückstarrte.

So standen wir einander längere Zeit gegenüber. Schließlich seufzte Elisabeth und sagte: „Ach so, Kiki, du darfst also nicht mitreiten. Schade!"

„Wie bitte?" erwiderte ich verwirrt.

„Du bist ja so still und siehst so traurig aus . . ."

„Tu ich das?"

„Jawohl!"

Da begann ich zu lachen. Ich lachte so, daß mir der Bauch weh tat, und mußte mich auf den Boden setzen.

Alle sahen mich verständnislos an.

„Sie ist übergeschnappt", sagte Karin.

„Wir schütten ihr einen Eimer Wasser über den Kopf, damit sie sich wieder beruhigt", schlug Lena vor.

„Nein, nein!" stöhnte ich zwischen den Lachanfällen. „Schüttet mir bloß kein Wasser über den Kopf!"

„Sie hat die Lachkrankheit", stellte Ingrid fest.

Ich raffte mich auf, wischte mir die Tränen aus den Augen und sagte: „Jetzt hört mir mal zu!"

„Willst du uns jetzt eine andere Sorte von Lachsalven vorführen?" fragte Marianne.

Ich schüttelte den Kopf. „Ich wollte nur sagen, daß ich die Erlaubnis bekommen habe, mit auf Reittour zu gehen!"

Schlagartig wurde es mucksmäuschenstill im Klubraum.

„Sag das noch einmal", bat Elisabeth nach einer Weile.

„Ich habe die Erlaubnis bekommen, mit auf Reittour zu gehen.“

Da brach der Spektakel los!

Alle Mädchen des Ponyklubs lachten und schrien vor Begeisterung: „Hurra! Hurra!“

Als wir uns alle wieder beruhigt hatten, setzten wir uns um den Tisch, und Elisabeth als Vorsitzende ergriff das Wort.

„Wir dürfen also alle an der Reittour teilnehmen. Das ist einfach fabelhaft. Jetzt müssen wir uns aber überlegen, wohin wir reiten wollen. Hat jemand einen Vorschlag?“

„Wir reiten zum Bergsee“, sagte Marianne.

„Nein, ich finde den Nordwald besser“, wandte Karin ein. „Dort ist ausgezeichnetes Gelände zum Reiten!“

„Meiner Meinung nach wäre Borgheim ein gutes Ziel“, rief ich dazwischen. „Da gibt's prima Weiden.“

„Das Birkental ist am schönsten!“ schrie Lena.

„Warum reiten wir nicht zur Küste?“ fragte Ingrid.

„Was sollen wir denn am Meer tun? Wir haben doch keine Seepferde!“ sagte Elisabeth.

„Borgheim ist am besten“, behauptete ich.

„Nein, Birkental!“

„Zum Bergsee!“

„Pah, nur auf Waldwegen reiten, das ist doch langweilig!“

„Ans Meer!“

„Der Weg dorthin ist doch asphaltiert, da fahren viel zu viele Autos!“

So ging es über eine Stunde lang weiter. Wir konnten uns nicht einigen. Wir diskutierten und argumentierten und schimpften. Keine wollte nachgeben.

Schließlich sagte Elisabeth ernst: „So geht's nicht weiter! Wir müssen in aller Ruhe darüber reden, sonst geraten wir uns vielleicht noch in die Haare und werden böse aufeinander. Und was sollen dann unsere Eltern von uns denken?“

„Das stimmt“, erwiderte Anita. „Jetzt hören wir auf, uns wie quengelnde Kinder zu benehmen, und fassen einen Beschluß.“

„Ich finde, wir sollten nach ...“, begann ich und verstummte dann.

„Blödsinn!“ sagte Elisabeth. „Ich gehe jetzt zu Herrn Erik und frage ihn, ob er uns helfen will, eine richtige Route festzulegen. Er weiß am besten, wieviel die Pferde schaffen können und wo die günstigsten Reitwege sind. Hat jemand etwas dagegen, daß wir ihn um Rat bitten?“

„Nein!“ riefen wir im Chor.

Elisabeth verschwand aus dem Klubraum und kam bald darauf mit Herrn Erik zurück. Er setzte sich zu uns an den Tisch, und jede einzelne von uns erklärte ihm der Reihe nach, welches Ziel sie für das beste hielt. Er hörte genau zu, und als alle sieben Mädchen des Ponyklubs ihre Meinung gesagt hatten, saß er eine Weile still da und überlegte. Dann zog er eine Landkarte aus seiner Jackentasche und sagte: „Ich lege jetzt diese Karte auf den Tisch und zeichne euch den Weg ein, der mir für eine Reittour von ungefähr acht Tagen am günstigsten erscheint. Und wenn ihr genau zuseht, werdet ihr merken, daß die meisten Orte, die ihr vorher genannt habt, auf dieser Route liegen.“

Mit einem Rotstift zeichnete er eine Schlangenlinie auf die Karte, die bei Aspens Reitschule begann, über ein paar Äcker und Wiesen zum Bergsee führte, von da zum Birkental und über Waldwege hinüber zur Großen Mühle. Von der Großen Mühle ging sein Weg über einige kleine Berge hinunter nach Borgheim, anschließend durch Wälder und über hügeliges Gelände nach Altdorf und von dort aus zu einem verlassenen Hof, der „Graue Kate“ hieß.

„Und von der ‚Grauen Kate‘, wo ihr übernachten könnt, geht’s direkt wieder zurück nach Aspen“, sagte Herr Erik.

„Und falls euch Gespenster begegnen, wißt ihr ja mit ihnen fertig zu werden!“

„Sollen wir wirklich dort übernachten?“ fragte Anita.

„Ja, warum nicht? Ihr habt doch wohl keine Angst, daß es da spukt?“ erwiderte Herr Erik und lächelte uns an.

„Nein, nein!“ versicherten wir eilig.

„Und falls wider Erwarten doch ein paar Gespenster dort auftauchen sollten, wißt ihr ja, wie man mit ihnen fertig wird, oder nicht?“

„Genau!“ erwiderten wir lachend.

„Ihr könnt die Karte behalten und euch die Route genauer ansehen“, sagte Herr Erik und stand auf. „Ich bin selbst schon auf sämtlichen Wegen dieser Strecke geritten. Der Vorteil an ihnen ist, daß sie so abwechslungsreich sind. Manchmal hügelig, manchmal flach, und immer wieder Dickicht und Wälder. Dazwischen gibt's überall schöne Wiesen, genügend Bäche und kleine Seen, in denen ihr euch selbst und eure Pferde abkühlen könnt.“

„Herr Erik – dürfen wir mit den Pferden, die wir heuer für den Sommer gemietet haben, auf Reittour gehen?“ warf Elisabeth scheu ein.

Er lachte. „Selbstverständlich dürft ihr das! Wie könntet ihr denn sonst mitmachen? Ihr bezahlt ja Miete für die Pferde, und ich weiß, daß ihr euch um sie kümmert, wie sich's gehört, und gute Reiterinnen seid. Ich wünsche euch also viel Glück! Denkt nur daran, daß ihr eure ganze Ausrüstung noch einmal kontrollieren müßt, ehe ihr startet. Und vergeßt nicht, einige Sachen in Reserve mitzunehmen. Wann reitet ihr los?“

„Ich dachte, Montag wäre am besten“, erwiderte Elisabeth. „Was meinen die anderen dazu?“

Wir nickten zustimmend.

„Das ist gut, dann habt ihr noch ein paar Tage für die Vorbereitungen Zeit. Wollt ihr, daß ich bei einigen Bauern anrufe, an deren Höfen ihr vorbeikommt? Es ist sicher besser, wenn sie schon vorher wissen, daß ihr auf ihrem Grund übernachten wollt.“

„Au ja, das wäre prima. Vielen Dank!“

„Also, dann übernehme ich das. Jetzt muß ich wieder an die Arbeit. Tschüs dann.“

„Tschüs! Und tausend Dank für Ihre Hilfe!“

Herr Erik ging, und wir steckten die Köpfe über der Landkarte zusammen und studierten die geplante Route. Alle waren mit dem Vorschlag zufrieden – vielleicht mit Ausnahme von Ingrid, da wir nicht in die Nähe des Meeres kamen.

„Pah, ich pfeif auf das Meer!“ sagte sie jedoch schließlich.

„Fein, du bist ein guter Kamerad.“

„Sollen wir gleich eine Aufstellung über die Ausrüstung und alle anderen Sachen machen, die wir mitnehmen müssen?“ schlug Lena vor.

Ich schüttelte den Kopf. „Nein, ich finde, wir gehen jetzt zu unseren Pferden und kümmern uns morgen um unser Gepäck", sagte ich.

Elisabeth warf ein: „Vielleicht sollte sich jeder von uns die verschiedenen Orte aufschreiben, die auf unserer Route liegen, damit wir unseren Eltern heute abend Bescheid geben können. Und dann sagen wir auch, daß Herr Erik den Weg vorgeschlagen hat, damit sie sich keine Sorgen machen."

Wir rissen sieben Blätter aus dem Notizblock, den Anita unter ihren Reitsachen in der Kiste hatte.

Da wir nur zwei Kugelschreiber besaßen, dauerte es einige Zeit, bis jeder sich die Stationen unserer Reittour aufgeschrieben hatte. Als wir damit fertig waren, gingen wir zu unseren Pferden.

Melissa sah mir schon erwartungsvoll entgegen. Es war, als wüßte sie, daß etwas Besonderes vorgefallen war. Sie schmiegte sich dicht an mich, und ich streichelte sie und sagte: „In ein paar Tagen gehen wir auf Abenteuer. Über eine Woche lang werden wir Tag und Nacht beisammen sein, jede Minute. Ach, Melissa, das wird herrlich, nicht?"

Sie sah mich eine Weile nachdenklich an, und dann wieherte sie zufrieden!

„Du bist das beste Pferd auf der ganzen Welt", sagte ich und umarmte sie lange.

Eine Reittour ist kein Picknick-Ausflug

Eigentlich war es unglaublich, daß wir alle Hindernisse überwunden hatten! Manchmal sagten wir zueinander: „Es kann nicht wahr sein! Bestimmt wachen wir gleich auf und entdecken, daß wir alles nur geträumt haben."

Doch dann kniffen wir uns gegenseitig in den Arm – und stellten begeistert fest, daß es doch Wirklichkeit war.

Herr Erik gab uns einen Tip, wie wir unsere Pferde tränken konnten, wenn wir an einen Ziehbrunnen kamen, ohne daß wir Eimer mitschleppen mußten. Wir nahmen gewöhnliche Plastiktüten, füllten sie mit Wasser und ließen die Pferde daraus trinken. Anfangs schauten sie ein bißchen mißtrauisch drein, doch nach vier oder fünf Versuchen hatten sie nichts mehr dagegen, ihren Durst aus diesen seltsamen Gefäßen zu löschen. Und das war wirklich prima, denn Plastiktüten nehmen ja keinen Platz ein.

In vier Tagen wollten wir losreiten. Vom frühen Morgen bis zum späten Abend waren wir nun damit beschäftigt, Listen aufzustellen, unsere Ausrüstung durchzusehen und genau festzulegen, was wir selbst brauchen würden. Sehr bald schon begriffen wir, daß wir unser Packgewicht so niedrig wie möglich halten mußten.

„Lederfett, Schmierlumpen und solche Sachen nehmen wir nicht mit", sagte Anita. „Es genügt, wenn wir alles auf Hochglanz bringen, ehe wir losreiten."

„Aber Bürsten, Hufkratzer und Schwämme brauchen wir unterwegs", erwiderte ich.

Elisabeth stimmte mir zu. „Wenn man einen langen Ritt vor sich hat, ist es am wichtigsten, daß die Pferdehufe gepflegt werden", bestätigte sie und polierte energisch einen Lederriemen.

Nach langem Hin und Her, was auf einer Reittour notwendig ist und was nicht, einigten wir uns schließlich darauf, daß alle ungefähr die gleiche Ausrüstung mitnehmen sollten. Jeder brauchte einen Rucksack, Packtaschen, Schlafsäcke oder Decken, die hinter dem Sattel aufgeschnallt werden sollten, und dazu eine Schultertasche. Im Rucksack, den Packtaschen und der Schultertasche war Platz für ein zweites Paar Hosen, einen Pullover, einen dünnen Regenmantel, Unterwäsche und Strümpfe, Plastikteller und Besteck, Büchsenöffner, Waschsachen, Toilettenpapier, Pflaster, Mückenspray, Nadel und Faden, Schnur, Sicherheitsnadeln, Badeanzug, eine Plastikhaut zum Zudecken, falls es regnen sollte, Notizblock, Kugelschreiber, ein paar Konservendosen und Hartwurst. Die Ausrüstung für die Pferde sollte aus Sattel, Trense und Halfter bestehen; dazu für jedes Pony zusätzliche Hufeisen und Hufnägel, eine Bürste, Hufkratzer und Schwamm. Außerdem brauchten wir für alle Pferde gemeinsam eine Reiseapotheke, zusätzliche Sattelgurte, Steigbügelhalter und Riemen.

Ein großes Problem war die Verpflegung. Anita, Marianne, Ingrid und Karin wollten unbedingt, daß wir uns täglich warmes Essen kochten, doch Lena, Elisabeth und ich protestierten dagegen, da wir es für eine unnötige Belastung hielten.

„Eine Reittour ist kein Picknick-Ausflug!“ sagte ich.

„Wenn man nicht ordentlich ißt, kann man nicht reiten“, wandte Anita ein.

„Man kann auch mal eine Zeitlang ganz gut mit kaltem Essen auskommen“, behauptete ich.

„Stellt euch mal vor, wir sitzen bei strömendem Regen vor einer Dose mit kalten Rindsrouladen“, sagte Anita. „Klingt das vielleicht verlockend?“

„Nein“, erwiderten die anderen schaudernd.

„Genausogut können wir uns auch vorstellen, daß wir in einer warmen Scheune sitzen und leckere belegte Brötchen verzehren. Oder daß wir in eine Ortschaft reiten und in einem Selbstbedienungsrestaurant heiße Würstchen und Pommes frites essen. Wie klingt das?“

„Besser als kalte Rindsrouladen!“ versicherten Marianne, Ingrid und Karin.

„Teuer klingt's auch", meinte Anita.

„Aber wir haben doch Geld!" rief ich. „Ganze Massen sogar. Mehr als hundert Mark für jeden."

„Ich habe keine Lust, mein Geld aufzuessen", brummte Anita.

„Münzen sind ziemlich schwer verdaulich", bemerkte Karin trocken. „Aber von Geldscheinen kriegt man kein Bauchgrimmen."

Da lachten wir, und selbst Anita konnte nicht ernst bleiben.

Schließlich einigten wir uns darauf, zur Probe auch eine Essensausrüstung mit einzupacken; doch Kochtöpfe, Petroleumkocher, Spülmittel und Kochlöffel nahmen bei weitem zuviel Platz ein – selbst Anita mußte das zugeben.

So beschlossen wir, uns kalt zu verpflegen und ab und zu in einem kleinen Restaurant warme Mahlzeiten einzunehmen. Trotzdem wollten wir eine große Schachtel Streichhölzer mitnehmen, damit wir Feuer anmachen und unsere Kleider trocknen konnten, falls wir in einen Dauerregen kommen sollten.

Nun trainierten wir jeden Tag, mit dem Gepäck in einer Linie hintereinander zu reiten. Anfangs empfanden wir die Rucksäcke als unangenehm, doch seltsamerweise dauerte es nicht lange, bis wir uns daran gewöhnten. Mit den Pferden hatten wir keine Schwierigkeiten; sie kamen gut miteinander aus, da sie ja täglich im Stall und auf der Weide beisammen waren.

Hafer für die Pferde konnten wir unterwegs von einigen Bauern kaufen; das hatte Herr Erik schon für uns geregelt. Wasser sollten wir ebenfalls auf Bauernhöfen bekommen, und wenn das Wetter schlecht wurde, erhielten wir sicher auch Erlaubnis, in Scheunen und Heuschobern zu übernachten.

„Wenn wir triefnaß und erbärmlich aussehen, bringt es bestimmt niemand übers Herz, uns ein Dach über dem Kopf zu verwehren", sagte Anita mit bebender Stimme.

„Und falls wir eines Tages keine Lust mehr haben, im Freien zu übernachten, schütten wir einfach einen Eimer Wasser über dich und schicken dich in einen schönen Bauernhof. Dann verschaffst du uns allen eine anständige Mahlzeit und Unterkunft", erwiderte Elisabeth.

Marianne sagte in unser Gekicher hinein: „Aber über eine wichtige Sache haben wir uns noch nicht unterhalten; wo wir unser Geld am sichersten verwahren könnten, damit es nicht geklaut wird."

Elisabeth nickte. „Daran habe ich schon gedacht. Jeder von uns bekommt ja hundert Mark, das macht zusammen siebenhundert Mark. Das übrige Geld sollte der Kassenwart des Ponyklubs übernehmen, finde ich."

„Haben wir denn einen Kassenwart?" fragten Ingrid und Lena überrascht.

„Ja, allerdings", bestätigte ich. „Elisabeth ist Vorsitzende, ich bin Schriftführerin und Karin ist Kassenwart."

Karin sah mich etwas verdutzt an.

„Hast du vergessen, daß du Kassenwart bist?" fragte ich.

„Ja, beinahe", erwiderte sie. „Wir haben ja bisher noch kein Geld in unserer Kasse gehabt."

„Dann ist's höchste Zeit, daß du dich jetzt darum kümmerst", sagte Elisabeth. „Du mußt dir eine richtige Brieftasche anschaffen."

„Ich rede mal mit meiner Mutter. Ihr fällt bestimmt eine gute Möglichkeit ein, wie ich das Geld aufbewahren kann", versprach Karin.

„Was tut eigentlich ein Schriftführer?" erkundigte sich Lena.

„Ein Schriftführer schreibt", erwiderte ich.

„Hm, muß das sein, daß ich einen Bericht schreibe?“

„Wann habt ihr Kiki zuletzt schreiben sehen?“ fragte Lena die anderen.

Alle schüttelten lächelnd den Kopf.

„Dann bin ich dafür, daß du ein Protokoll schreibst, Kiki“, sagte Elisabeth.

„Hm, na ja“, erwiderte ich. „Muß das sein?“

„Ich finde, du solltest einen kurzen Bericht darüber verfassen, daß der Ponyklub beschlossen hat, die tausend Mark für eine Reittour auszugeben, und daß alle Mitglieder damit einverstanden sind. Dann kann sich später keiner beklagen.“

„Hat jemand vor, sich zu beklagen?“ fragte ich.

„Nein!“

„Na also“, brummte ich.

„Du gehst jetzt nach Hause und schreibst!“ kommandierte Elisabeth.

„Schon recht, ich tu's heute abend“, seufzte ich.

„Einfach großartig, daß unser Klubvorstand so enthusiastisch und einsatzfreudig ist“, sagte Karin und gab mir einen Klaps aufs Hinterteil.

Ein glücklicher Tag mit unseren Pferden

Endlich war der langersehnte Montag morgen gekommen.

Schon kurz nach sieben Uhr versammelten wir uns vor dem Reitstall. Wir wollten möglichst früh losreiten, um einen Teil unseres ersten Tagesritts hinter uns zu bringen, ehe es richtig heiß wurde. Die Sonne schien, und es war fast windstill.

Während wir die Pferde striegelten und ihre Hufe noch einmal überprüften, war mir ganz seltsam zumute. Irgendwo tief in meinem Innern hatte ich leichte Zweifel: Und wenn wir es nicht schaffen? Wenn ein Pferd lahmt oder jemand krank wird? – Pfui, das war widerlich! Meine Eltern hätten mich wohl kaum mitreiten lassen, wenn sie geahnt hätten, wie unsicher und ängstlich ich nun war.

Glücklicherweise hatten wir jedoch abgemacht, daß unsere Eltern nicht zum Stall kommen sollten, um uns nachzuwinken. Da wir fürchteten, es könnte Heulen und Zähneknirschen geben, wenn unsere Mütter und Väter auf dem Stallhügel standen und uns fortreiten sahen, hatten wir uns schon zu Hause verabschiedet. Bei mir war der Abschied jedenfalls recht schmerzlos vor sich gegangen. Meine Mutter hatte mich besonders fest umarmt, Papa gab mir die Hand, sah mich eine Weile ernst an und zwinkerte mir dann aufmunternd zu. Mein Bruder Michael gab sich lässig und sagte nur: „Tschüs, bis in einer Woche!" Ich selbst war ein wenig nervös, lächelte jedoch die ganze Zeit tapfer und gab mir alle Mühe, ruhig und selbstsicher zu erscheinen.

Jetzt nahm ich mich zusammen und murmelte entschlossen vor mich hin: „Wir schaffen es schon, alles wird gutgehen!" Und das nützte tatsächlich! Ich fühlte mich gleich wieder besser, und Melissa merkte offenbar, daß ich nicht mehr so aufgeregt war. Denn sie gab mir einen kleinen Puff mit der Nase und sah mich erwartungsvoll an. Pferde verstehen manchmal mehr als man glaubt. Ich stellte mich dicht neben sie, spürte ihren warmen Tierkörper, der Geborgenheit ausstrahlte, und streichelte ihre weiche Mähne.

Herr Erik war natürlich ebenfalls erschienen. Er sagte nicht viel, sondern ließ seine geübten Blicke über die Pferde und unsere Ausrüstung schweifen. Wenn er alles für gut befand, konnten wir beruhigt losreiten, das wußten wir.

„Jetzt sitzen wir auf!" rief Elisabeth plötzlich.

Ich holte tief Luft und schwang mich in den Sattel. Melissa machte ein paar Seitenschritte, bis sie das Gleichgewicht gefunden hatte. Herr Erik ging von einem zum anderen, kontrollierte noch einmal Pferde und Reiterinnen und sagte zu jeder von uns: „Viel Glück!" Dann stellte er sich neben Elisabeth und Figaro, hob die Hand und rief: „Reitet los! Viel Glück!"

Wir winkten zurück und starteten. Die Reitordnung hatten wir schon früher festgelegt; sie würde immer dann wichtig sein, wenn wir an Verkehrsstraßen und auf schmale Pfade kamen. Lena ritt auf Charlie voran, denn Charlie ist sicher und hat keine Angst vor Autos. Er fürchtet sich auch nicht davor, über Brücken und durch Dickicht zu gehen. Anschließend kam Marianne auf Primus, der ein wenig ungebärdig ist und einem Vorgänger gern zu dicht auf den Leib rückt. Da Charlie fast nie ausschlägt, kann man die beiden gut hintereinander reiten lassen. Dann folgten Anita auf Filur, Karin auf Munter und Ingrid auf Star Dust. Als letzte ritt Elisabeth mit Figaro hinter Melissa und mir. Figaro schlägt nämlich oft aus, wenn er merkt, daß ein anderes Pferd sich ihm von hinten nähert. Diese Reihenfolge war jedoch nur für bestimmte Gelegenheiten gedacht. Wenn wir auf Wiesen kamen oder durch den Wald ritten, brauchten wir uns natürlich nicht daran zu halten.

Es war wirklich seltsam, den kleinen Weg über den Stallhügel zu reiten und zu wissen, daß wir nicht zu einem einstündigen Spazierritt unterwegs waren, sondern über eine Woche ausbleiben würden. Die Stimmung war fast feierlich – die Vögel sangen, die Luft war warm, und die Hufschläge unserer Pferde klangen wie Musik. Die Tiere waren frisch und munter und gingen rasch vorwärts, obwohl sie etliche Kilo mehr auf dem Rücken trugen als sonst. Glücklicherweise waren sie jedoch alle kräftig und in bester Verfassung.

Als der Pfad in ein Feld mündete, blieben wir stehen.

„Wie ist euch zumute?" fragte Elisabeth.

„Phantastisch! Großartig! Prima!" riefen wir durcheinander.

„Wollen wir hier Rast machen?" sagte Lena.

„Nein, wir reiten noch ein Stück", erwiderte Elisabeth.

„Volle Fahrt voraus!" rief Ingrid und galoppierte auf Star Dust los.

„Juhu!" schrien wir und sausten hinterher.

Melissa genoß es ebensosehr wie ich, daß es nun so rasch vorwärtsging. Sie bewegte sich rhythmisch, und ihre geschmeidigen Muskeln arbeiteten sicher. Der Wind fuhr mir durchs Haar, und ich war von jenem herrlichen Gefühl der Geschwindigkeit und Spannung erfüllt, das man nur während eines Galopps erleben kann.

Atemlos und lachend kamen wir am Rand des großen Feldes an, das von Büschen und niedrigen Bäumen gesäumt war.

„Jetzt reiten wir am Waldrand entlang, und dann über die Felder nach Talgarten. Dort beginnt der Weg, der auf der Landkarte wie eine Schlange aussieht", sagte Ingrid.

„Dann wäre es wohl am besten, wenn wir die Pferde in Talgarten rasten lassen, oder?“ überlegte Marianne.

„Wie weit ist's bis dorthin?“ fragte Anita.

„Wenn wir langsam reiten, ungefähr eine Stunde.“

„Dann schlage ich vor, daß wir die Pferde bei Talgarten tränken und dort picknicken“, sagte ich. „Seid ihr einverstanden?“

„Jawohl!“

„Achtung, hier kommt der Ponyklub!“ rief Lena fröhlich. „Vorwärts!“

Wir ritten nun wieder in der alten Reihenfolge und ließen die Pferde das Tempo selbst bestimmen. Da wir ja nicht nebeneinander reiten konnten, bestand unsere Unterhaltung nur aus kurzen Zurufen.

„Mein Rucksack scheuert.“

„Setz dich ein bißchen aufrechter, das hilft vielleicht.“

„Anita, du mußt Filur etwas zurückhalten. Primus kann's nicht leiden, wenn man ihm so dicht auf den Leib rückt.“

„Himmel, ist's heute heiß!“

„Jetzt wäre ein Eis recht.“

„Welchen Weg sollen wir einschlagen? Nach rechts oder links?“

„Wäre es nicht besser, wenn derjenige die Landkarte übernehmen würde, der vorausreitet?“

„Ich kann aber nicht Karten lesen!“

„Reitet nach rechts!“

Es dauerte etwas länger als eine Stunde, bis Talgarten in Sicht kam. Der Ort war von Birkenwäldern umgeben. Wir machten ein paar hundert Meter vor dem Dorf bei einem kleinen Gehölz halt. Nicht weit von uns war ein Bauernhof. Ein Mann reparierte dort gerade seinen Traktor. Er kniete auf dem Boden und pusselte am Motor herum. Neben ihm lag eine Menge Werkzeug.

„Ingrid und Kiki reiten zu dem Bauern hinüber und fragen, ob wir die Pferde paarweise auf den Hof führen und tränken dürfen", ordnete Elisabeth an. „Wir warten inzwischen hier."

Ingrid und ich nickten, und wir machten uns mit Star Dust und Melissa auf den Weg zum Hof. Der Mann, der am Traktor arbeitete, hörte uns erst, als wir bis auf ein paar Meter an ihn herangekommen waren.

„Guten Tag", sagten wir.

Er sah auf und musterte uns überrascht. „Grüß Gott. Was führt euch denn nach Talgarten?"

„Wir sind mit fünf anderen Mädchen von Aspens Reitschule unterwegs und wollten Sie fragen, ob wir unsere Pferde bei Ihnen tränken dürfen."

„Ja, natürlich dürft ihr das. Paßt nur auf, daß eure Pferde nicht in meinen Blumenbeeten herumtrampeln. Der Pumpbrunnen ist beim Kuhstall. Ein paar Eimer stehen auch dort, die könnt ihr benutzen."

Wir bedankten uns und ritten zum Stall. Ingrid hielt Melissa und Star Dust am Zügel, während ich zwei Eimer voll Wasser pumpte. Die Pferde tranken gierig, doch ich achtete darauf, daß sie rechtzeitig aufhörten, da sie von zuviel kaltem Wasser leicht eine Kolik bekommen können.

Auf dem Rückweg fragten wir den Bauern noch, ob wir mit unseren Ponys beim Birkenwäldchen rasten dürften.

„Freilich, warum nicht?" sagte er. „Aber hinter dem Gehölz ist eine Weide; wollt ihr eure Pferde nicht dorthin bringen?"

„O ja, furchtbar gern. Vielen Dank!" erwiderten wir.

„Ich habe selbst keine Pferde mehr", seufzte er. „Dafür hab ich einen Traktor. Aber der macht mehr Scherereien als ein störrischer Gaul." Er stand auf und streichelte Melissas Kopf. „Das waren noch bessere Zeiten damals", fügte er hinzu, „als ich noch Pferde und Kühe hatte. Jetzt sind mir nur noch Hühner und Schweine geblieben. Und ein paar Schafe. Pferde lohnen sich nicht. Und das schlimmste ist, daß sich die Landwirtschaft nicht mal mehr mit dem Traktor zu lohnen scheint."

Der Bauer schüttelte bekümmert den Kopf, und wir nickten ernsthaft. Weil Star Dust sich unruhig bewegte, sagte Ingrid: „Ich glaube, wir müssen zu unseren Freundinnen zurück, damit sie ihre Ponys ebenfalls zum Brunnen führen können."

„Ja, tut das nur", antwortete er. „Es ist schön, wieder mal Pferde zu sehen."

Karin und Anita ritten als nächste zum Bauernhof, während wir unsere Ponys absattelten und nach Scheuerwunden von Sattel und Trense untersuchten. Glücklicherweise waren alle Tiere in Ordnung. Natürlich mußten wir auch ihre Hufe kontrollieren. Gemeinsam entfernten wir ein paar kleinere Steine, die sich Figaro und Munter eingetreten hatten.

Schließlich sprangen unsere Ponys munter auf der Weide herum, und wir trugen unsere Packtaschen unter die Birken und legten uns ins kühle Gras.

„Jetzt brauche ich etwas zu essen!" verkündete Anita.

„Die Mahlzeit wird sofort serviert – allerdings kalt", erwiderte Elisabeth und schwenkte eine Papierserviette.

„Kalt?" wiederholte ich und öffnete mein Freßpäckchen. „Meine belegten Brote sind so warm, als kämen sie aus dem Toaster."

„Ich wußte gar nicht, daß Käse in der Tasche schmelzen kann!" sagte Ingrid und sah stirnrunzelnd auf ihre Semmel.

„Mein Knäckebrot hat sich in einen Krümelhaufen verwandelt", kicherte Lena.

„Es ist doch ganz gleich, ob das Essen geschmolzen oder zerbröckelt ist", sagte Karin. „Schmecken tut's trotzdem. Schließlich ist das die erste gemeinsame Mahlzeit auf der Reittour des Ponyklubs!"

Nachdem wir eine Weile mit gutem Appetit gegessen hatten, sagte Marianne vorsichtig: „Ich habe Durst."

„Warum trinkst du dann nicht?" fragte ich.

„Weil ich nichts zu trinken habe", erwiderte sie. „Ich habe vergessen, Saft mitzunehmen. Kann mir eine von euch aushelfen?"

„Ich hab ebenfalls nichts dabei", sagte ich. „Ich dachte, wir kämen an einem Kiosk vorüber und könnten Limonade kaufen."

„Wir auch", bestätigten Lena und Karin bekümmert.

Da es sich herausstellte, daß keine von uns etwas zu trinken mitgebracht hatte, beschlossen wir, unseren Durst wie die Pferde am Pumpbrunnen zu löschen. Als wir auf den Hof kamen, fragte uns der Bauer, wohin wir heute noch reiten wollten.

„Zum Bergsee", sagte ich.

„Eine schöne Gegend, aber bleibt auf den Wegen! Die Pferde könnten leicht ausrutschen und ins Wasser fallen. Die Steine am Ufer sind sehr glatt, wenn alte Tannennadeln darauf liegen."

„Ja, wir passen schon auf, und nochmals vielen Dank."

„Viel Glück!"

Wieder legten wir uns in den Schatten unter die Birken und hielten bis zwölf Uhr Rast. Es wurde jedoch eins, ehe wir losreiten konnten, da die Pferde ziemlich widerspenstig waren und auf der Weide bleiben wollten. Es dauerte eine ganze Weile, bis sie sich satteln ließen.

Auf dem Weg zum Bergsee kamen wir glücklicherweise an einem Kiosk vorbei, wo wir endlich nach Herzenslust Limonade, Eis, Bonbons und Kaugummi kaufen konnten. Der letzte Teil unseres Tagesrittes ging ohne alle Schwierigkeiten vonstatten. Wir erhielten vom Bergseebauern sofort die Erlaubnis, unsere Pferde in der kommenden Nacht auf seiner Weide zu lassen. Er führte uns auch zu einem idyllischen Schlafplatz direkt am Seeufer, wo wir unsere Schlafsäcke unter einer Gruppe von Eichen aufschlagen konnten.

Gegen sechs Uhr ritten wir zur Autobahn, wo es eine Tankstelle mit dazugehörigem Restaurant gab. Während Lena, Marianne und Anita auf die Pferde aufpaßten, aßen Elisabeth, Ingrid, Karin und ich Würstchen mit Pommes frites. Dann wechselten wir uns ab.

Es war halb acht, als wir unsere Pferde auf die Weide ließen – nicht ohne sie vorher sorgfältig zu untersuchen. Sie waren alle gesund und munter. Dann nahmen wir noch ein Bad im See; allerdings nicht lange, denn das Wasser war verflixt kalt.

Lena und Karin ritten noch einmal zur Tankstelle, um zu Hause anzurufen und zu berichten, daß der ganze Ponyklub wohlauf war und den ersten Tag der Reittour ohne Schwierigkeiten hinter sich gebracht hatte.

Die Dunkelheit brach an, und ein leuchtend gelber Mond ging über dem Wald jenseits des Sees auf, als wir unsere Schlafsäcke und Decken unter den Eichen ausbreiteten.

„War das ein schöner Tag!“ sagte Lena aus tiefstem Herzen.

„Komisch, daß man so müde wird, obwohl man sich gar nicht anstrengen mußte“, murmelte Ingrid und gähnte herzhaft.

„Eigentlich ist's ja überhaupt nicht abenteuerlich, auf Reittour zu sein“, äußerte Anita und zog den Reißverschluß ihres Schlafsacks zu.

„Ja, und ich glaube auch, daß während der ganzen Woche nichts Aufregendes passieren wird“, fügte Marianne hinzu.

Doch es sollte sich bald herausstellen, daß Anita und Marianne sich gründlich getäuscht hatten . . .

Lena landet in einem Heuhaufen

Wir erwachten gegen sieben Uhr. Alle hatten gut geschlafen, und wir fühlten uns frisch und munter.

Nach einem Frühstück mit Limonade, Schokoladenwaffeln und etwas alten Butterbroten packten wir unsere Sachen wieder ein, holten die Pferde von der Weide und machten uns auf den Weg zum Birkental.

Wir ritten langsam, da das Gelände teilweise ziemlich schwierig war. Es ging durch Gestrüpp und dichtes Buschwerk, und der Pfad schlängelte sich immer wieder recht steil den Berg hinauf. Obwohl uns herunterhängende Zweige das Gesicht zerkratzten, war es doch ein schöner Ritt, und die Pferde kamen gut vorwärts.

Wir rasteten mehrmals, tranken Tee und aßen Kuchen in einer Konditorei und hielten Mittagsmahlzeit in einem Motel, wo unsere Pferde großes Aufsehen unter den Autofahrern erregten. Alle sahen uns nach, als wir wieder aufbrachen. Wir waren richtig stolz, während wir im Schritt ein paar Meter die Landstraße entlangritten, einen Graben überquerten und auf eine kleine Wiese abbogen.

Im nächsten Laden kauften wir Brot, Wurst und Milch. Wir hatten beschlossen, im Freien zu Abend zu essen, statt uns auf die Suche nach einem Restaurant zu machen.

Nachmittags hielten wir noch öfter an, ruhten uns im Schatten aus und ließen die Ponys grasen. Es war ein stiller, friedlicher Tag.

Doch als wir uns dem Birkentaler Hof näherten, passierte etwas Seltsames!

Wir ritten in Reih und Glied einen kleinen Bach entlang

und kamen zu einer Wiese mit vielen Heuhaufen. Am Rand der Wiese stand ein Traktor; kein Mensch war zu sehen.

Plötzlich begann Lena, die als erste ritt, wild um sich zu schlagen. Sie ruderte mit den Armen durch die Luft und rutschte wie verrückt im Sattel hin und her.

„Was macht sie denn da?“ fragte Elisabeth und kam an meine Seite geritten.

„Sieht aus, als würde sie eine Art Kriegstanz zu Pferde üben“, sagte ich. „Vielleicht hat sie zu viele Indianerbücher gelesen?“

Gerade da stieß Lena einen markerschütternden Schrei aus! Charlie zuckte zusammen und bäumte sich auf, und Lena wäre beinahe vom Pferd gestürzt. Im letzten Augenblick schaffte sie es, im Sattel zu bleiben und kämpfte verbissen, um nicht den Halt zu verlieren, während Charlie über die Wiese raste.

„Charlie geht durch!“ rief Karin.

„Wir reiten Lena nach!“ schrie ich.

„Nein, wartet“, sagte Elisabeth rasch. „Wenn wir hinterherjagen, wird Charlie vielleicht noch verrückter und galoppiert weiter, bis ein Unglück geschieht! Wir warten hier, vielleicht schafft sie es, ihn zu zügeln.“

Unsere Pferde bewegten sich unruhig, doch wir konnten sie davon abhalten, ebenfalls loszurasen. Ängstlich sahen wir Lena nach. Charlie rannte mit wilden Sprüngen über die Wiese und kümmerte sich offenbar keinen Deut um die Versuche seiner Reiterin, ihn zu beruhigen.

„Er läuft direkt auf den Traktor zu!“ schrie Ingrid mit entsetzter Stimme.

Sprachlos vor Schreck beobachteten wir, wie Charlie Kurs auf den Traktor nahm. Ich machte die Augen fest zu und wartete darauf, ein Krachen und furchtbare Schmerzensschreie zu hören. Doch alles, was ich vernahm, waren dumpfe Hufschläge. Ich öffnete die Augen und sah, wie Charlie kurz vor dem Traktor eine plötzliche Kehrtwendung machte und wieder in unsere Richtung galoppierte. Lena hing einen Augenblick lang halb aus dem Sattel und schien sich nicht länger halten zu können. Doch dann schaffte sie es, sich langsam wieder hochzuziehen. Allerdings gelang es ihr nicht, Kontrolle über Charlies wilden Laufschritt zu bekommen.

„Wir müssen ihr helfen!“ Marianne war ganz weiß im Gesicht.

Ich versuchte zu sagen, daß wir auf Charlie zureiten sollten, um ihn aufzuhalten, bekam jedoch kein Wort heraus.

„Nein, wir bleiben hier“, wiederholte Elisabeth verbissen.

Charlie stob direkt auf ein Gebüsch zu. Für einen Moment verlangsamte er sein Tempo, stürzte dann jedoch wieder los, sprang über die Büsche und raste auf der anderen Seite weiter.

„Er muß doch irgendwann einmal müde werden“, sagte Karin schwach.

„Hoffentlich wird's Lena nicht vorher“, erwiderte Anita.

Charlie machte nun erneut eine Kehrtwendung, sauste wieder auf das Gebüsch zu und sprang darüber. Lena rutschte nach vorn und wäre beinahe aus dem Sattel geglitten. Im letzten Augenblick gelang es ihr, sich an Charlies Mähne festzuklammern und oben zu bleiben.

„Wie lange sie sich wohl noch halten kann?“ murmelte Elisabeth mit zitternder Stimme.

Charlie galoppierte im gleichen wahnsinnigen Tempo weiter. Nun steuerte er auf einen großen Heuhaufen zu.

„Mein Gott, wie wird das bloß enden?“ stöhnte Karin, die dem Weinen schon sehr nahe war.

Ich hatte solche Angst, daß mir fast schlecht wurde.

„Wir müssen etwas tun! Wir müssen ihr helfen!“ rief Ingrid, und die Tränen liefen ihr über die Wangen. „Jetzt reite ich los und versuche Charlie aufzuhalten.“

10 7756-16

Doch gerade in diesem Moment blieb Charlie ruckartig stehen! Er war nur ein paar Meter vom Heuhaufen entfernt. Da er so plötzlich anhielt, konnte sich Lena nicht länger im Sattel halten, sondern flog in hohem Bogen durch die Luft und landete kopfüber im Heu.

Charlie stand ein paar Sekunden lang still da, wandte sich dann ab und galoppierte zum anderen Ende der Wiese.

Als wir zum Heuhaufen kamen, lag Lena völlig unbeweglich mit geschlossenen Augen auf dem Boden. Verzweifelt sahen wir auf sie nieder.

„Wenn sie jetzt . . .", begann ich und heulte los.

Elisabeth stieg ab, reichte mir Figaros Zügel und beugte sich über Lena. Sie streichelte ihr über die Wange und flüsterte: „Lena, hörst du mich? Lena, antworte doch!"

Hoffentlich ist Lena nichts passiert, dachten wir verzweifelt

Nach einer Weile, die uns wie eine Ewigkeit vorkam, bewegte sie sich endlich und sah verwirrt zu uns auf.

„Ich hab solche Angst ausgestanden“, sagte sie leise.

„Bist du verletzt?“ fragte Elisabeth.

„Nein, ich glaube nicht.“ Lena setzte sich vorsichtig auf und bewegte Arme und Beine. „Ich scheine mir nichts gebrochen zu haben.“

„Hast du nirgends Schmerzen?“

Sie erhob sich, schnitt eine Grimasse und erwiderte: „Doch, mein Hinterteil tut mir weh. Aber ich hab wohl nur ein paar blaue Flecke.“

„Du hast wirklich Glück gehabt, daß du ausgerechnet in einem Heuhaufen gelandet bist!“ sagte Ingrid.

„Und daß du eine Reitkappe aufgehabt hast“, fügte ich hinzu. „Sonst hättest du dir eine Gehirnerschütterung oder etwas Schlimmeres holen können!“

„Warum ist Charlie eigentlich so wild geworden?“ fragte Anita.

„Charlie – wo ist er?“ rief Lena.

Wir drehten uns um. In einiger Entfernung trabte Charlie gemächlich an einem Zaun entlang, als wäre überhaupt nichts vorgefallen.

„Marianne und Anita, ihr holt Charlie“, ordnete Elisabeth an.

„Schon gut, zu Befehl.“

„Aber was war denn mit Charlie los? Und warum hast du so um dich geschlagen?“ fragte ich.

„Ein Schwarm Wespen kam auf mich zugeflogen“, erzählte Lena. „Sie summten mir ums Gesicht, und ich bekam Angst und versuchte sie zu verjagen. Aber plötzlich hat mich eine ins Kinn gestochen, und da hab ich geschrien. Daraufhin ging Charlie durch.“

„Es sah furchtbar gefährlich aus!“

„Sieht man den Wespenstich auf meinem Kinn?" erkundigte sich Lena.

„Ja, du bist ein bißchen geschwollen", sagte Elisabeth.

„Willst du etwas Salbe haben?" fragte ich.

„Ja, danke."

Während wir Lenas Kinn behandelten, kamen Marianne und Anita langsam mit Charlie zurück. Er war lammfromm und schien sich nicht mehr daran zu erinnern, daß er noch vor kurzem wie ein Wildpferd über die Wiese galoppiert war.

Lena streichelte ihn und flüsterte ihm ein paar Ermahnungen ins Ohr. Als wir wieder auf die Pferde steigen wollten, stellte es sich heraus, daß Lena nicht mehr sitzen konnte. Wir beschlossen also, unsere Ponys die letzten Kilometer zur Lichtung beim Birkentalhof zu führen, wo wir übernachten wollten.

Unterwegs unterhielten wir uns aufgeregt darüber, welches Glück Lena gehabt hatte, daß sie aus dem ganzen Abenteuer nur mit ein paar blauen Flecken und einem Wespenstich davongekommen war.

Auf dem Birkentalhof durften wir unsere Pferde tränken und bekamen eine Weide für die Nacht zugewiesen.

Da wir uns geeinigt hatten, unseren Eltern nichts über den Zwischenfall mit Charlie und Lena zu erzählen, sagte ich am Telefon zu meinem Vater, daß es uns gut ginge und die Pferde in bestem Zustand seien.

An diesem lauen Abend saßen wir noch lange unter den Bäumen, und jede von uns berichtete über ihren ersten Sturz vom Pferd. Ich war nicht die einzige, die damals tagelang Schmerzen gehabt hatte, und bei keiner von uns war es bei einem Sturz geblieben.

„Schön ist es nie, vom Pferd zu fallen", sagte Elisabeth schließlich. „Aber einen Nutzen hat die Sache doch. Man lernt dabei, vorsichtiger zu sein."

„Und man merkt, wie nützlich eine Reitkappe ist!"
„Im Augenblick wünsche ich mir, ich hätte da hinten auch eine Reitkappe gehabt", sagte Lena kläglich. „Dann müßte ich nämlich jetzt nicht die ganze Nacht über auf dem Bauch liegen!"

Wir müssen anfangen zu sparen

Lena hatte am nächsten Tag noch immer Schmerzen und sah richtig gequält aus, als sie versuchte, sich auf Charlies Rücken zu schwingen.
„Ich kann nicht reiten", sagte sie. „Mein Hinterteil tut furchtbar weh, sobald ich mit dem Sattel in Berührung komme."
„Wir legen dich auf den Bauch, quer über Charlies Rücken", schlug Karin munter vor. „So, wie sie's in Wildwestfilmen mit den Gefangenen machen."
Wir kicherten, und Elisabeth fragte: „Aber im Ernst, was tun wir? Sollen wir heute noch hier im Birkental bleiben und hoffen, daß Lena morgen wieder reiten kann?"
„Wie wär's, wenn wir deine Eltern anrufen und sie bitten, dich und Charlie zu holen?" sagte Ingrid zu Lena.
„Nein, nein! Wir rufen nicht bei mir zu Hause an!" protestierte diese sofort.
„Und vergeßt unseren Wahlspruch nicht: ‚Gemeinsam oder gar nicht!' Entweder brechen wir die Reittour ab und kehren zusammen um, oder wir reiten geschlossen weiter", sagte ich.
„Ja, wir reiten weiter!" riefen alle.
„Ich kann Charlie ja am Zügel führen und manchmal ein Stück mit ihm laufen", meinte Lena. „Reitet ihr nur voraus, ich komme schon nach."

„Nein, das machen wir nicht“, erwiderte Elisabeth. „Ein paar von uns führen ihre Pferde, während die anderen langsam weiterreiten oder einen Umweg machen. Wir haben Zeit genug, und schließlich wollen wir doch beisammen bleiben, oder?“

„Ja!“

So begann die dritte Etappe der Reittour unseres Ponyklubs recht gemächlich. Auf Waldwegen wollten wir vom Birkental zur Großen Mühle reiten, wo eine stillgelegte Mühle neben einem fast ausgetrockneten Flußbett stand. Wir hatten vor, direkt bei der Mühle zu übernachten. Es gab dort eine Einfriedung, wo wir unsere Pferde freilassen konnten. Das hatte Herr Erik uns gesagt, nachdem er sich mit dem Bauern telefonisch in Verbindung gesetzt hatte, zu dessen Hof die Große Mühle gehörte.

Der Weg dorthin war nicht besonders beschwerlich. Die Waldpfade erwiesen sich als ziemlich breit und mündeten immer wieder in kleine Wiesen, auf denen wir die Ponys galoppieren lassen konnten. Der ganze Tag verlief recht geruhsam. Einesteils konnte Lena nicht so schnell gehen, anderenteils machten wir auch oft Pause, um unseren Pferden die Hufe auszukratzen, sie zu striegeln und unsere Ausrüstung zu überprüfen. Wir badeten in einem kleinen Waldsee mit warmem Moorwasser und kauften uns in einem Dorf an einem Kiosk Limonade, Eis und Waffeln.

Unser Abendessen verzehrten wir in einem Motel am Rande der Autobahn und riefen von dort aus gleich zu Hause an, um zu berichten, daß wir wohlauf waren. Als wir zur Großen Mühle kamen, war es schon nach sieben Uhr, und die Sonne verschwand langsam hinter den Hügeln.

Bei der Mühle stand ein Lieferwagen, und neben ihm ein Mann. Als er uns näherkommen sah, stand er auf und rief: „Grüß Gott, alle miteinander! Ich heiße Andersson. Ihr seid wohl die Mädels von Aspens Reitschule, die mir Herr Erik angekündigt hat?"

„Ja, das sind wir. Guten Tag, Herr Andersson. Dürfen wir hier über Nacht bleiben?"

„Freilich, gern. Ich habe einen Sack Hafer mitgebracht, falls ihr ihn brauchen könnt. Herr Erik sagte am Telefon, daß eure Pferde jetzt ganz gut ein bißchen Hafer vertragen könnten."

„Prima!" riefen wir. „Wieviel kostet er?"

„Den bekommt ihr umsonst."

„Oh, vielen Dank, Herr Andersson!"

„Es ist ungefähr ein Pfund für jedes Pferd. Nachdem die Tiere ja ein paar Tage ohne Hafer waren, dürfen sie nicht zuviel auf einmal davon haben, sonst könnten sie eine Kolik bekommen."

Wir sattelten die Ponys ab und schütteten den Hafer in ein paar alte Futterkrippen, die noch in einer Ecke des verlassenen Stalles standen, der zur Mühle gehörte.

„Ihr könnt in der Mühle schlafen, wenn ihr wollt", schlug der Bauer vor. „Da drinnen sieht's vielleicht ein bißchen ungemütlich aus, aber sauber und ordentlich ist alles. Die Pferde könnt ihr auf die Weide dort drüben bringen."

Wir bedankten uns noch einmal bei ihm.

„Na, dann gute Nacht", sagte der freundliche Herr Andersson und fuhr mit seinem kleinen Lieferauto davon.

Als die Pferde ihren Hafer vertilgt hatten, führten wir sie zum Fluß hinunter und spülten ihre Beine mit dem kühlen Wasser ab. Das gefiel ihnen sehr, und sie zeigten es auch, indem sie zufrieden wieherten.

Unser Nachtlager schlugen wir wirklich in der alten Mühle auf, in der es ziemlich dunkel und ein wenig unheimlich war. Trotzdem fanden wir es schön, wieder einmal eine Nacht unter einem Dach verbringen zu können.

Ich knipste meine Taschenlampe an, und wir bildeten einen Kreis und zählten unser Geld. Dabei stellte sich heraus, daß wir schon sehr viel mehr verbraucht hatten als wir dachten. Keiner von uns war mehr als die Hälfte des Geldes geblieben.

„Jede hat also ungefähr noch fünfzig Mark", sagte Elisabeth schließlich. „Das bedeutet, daß wir täglich nicht mehr als zehn Mark ausgeben dürfen – pro Person, natürlich. Sonst reicht unser Geld nicht."

„Wir dürfen nicht mehr soviel Süßigkeiten und Eis kaufen", seufzte Ingrid.

„Aber ich habe doch dreihundert Mark als Reserve dabei, falls wir pleite gehen sollten!" warf Karin ein.

„Das Geld rühren wir nur im äußersten Notfall an", sagte Elisabeth mit großer Festigkeit.

„Von jetzt ab sparen wir!" verkündete Lena. „Wir kaufen uns nur noch Essen, sonst nichts."

„Aber Eis schmeckt so furchtbar gut", wandte Anita ein.

„Ab und zu können wir uns vielleicht schon mal ein Eis leisten, wenn's besonders heiß ist", meinte Elisabeth. „Aber wir müssen unbedingt aufhören, unser Geld so hinauszuwerfen. Und jetzt ist's Zeit zum Schlafen."

Wir krochen in unser Bettzeug, schliefen jedoch nicht sofort ein, weil Marianne auf eine Idee gekommen war, eine Spukgeschichte von einem kleinen Mädchen zu erzählen, das aus Versehen in einem Museum eingeschlossen wurde. Als Lena jedoch mit einer zweiten, noch schaurigeren Geschichte beginnen wollte, sagte die vernünftige Elisabeth: „Schluß jetzt, sonst schlafen wir überhaupt nicht mehr!"

„Wohin reiten wir morgen?" fragte Ingrid gähnend.

„Nach Borgheim", sagte Elisabeth.

„Tut dir dein Hinterteil noch immer weh, oder meinst du, daß du morgen im Sattel sitzen kannst?" fragte ich Lena.

„Morgen kann ich bestimmt wieder reiten“, erwiderte sie. „Die Schmerzen sind schon fast weg.“

„Mein Gefühl sagt mir, daß wir einen ruhigen und schönen Tag vor uns haben“, murmelte ich schläfrig. „Einen Tag, an dem nichts Aufregendes passiert.“

„Wir wollen's hoffen“, erwiderte Elisabeth. „Gute Nacht!“

„Gute Nacht, und schlaft gut!“

Wenn wir nur geahnt hätten, was uns erwartete, hätten wir in dieser Nacht bestimmt nicht so ruhig geschlafen ...

Ein Glück, daß wir Reservegeld haben!

Wir schliefen gut und lange in der alten Mühle und machten uns erst um elf Uhr auf den Weg nach Borgheim. Wären wir zehn Minuten früher oder später losgeritten, wäre uns vielleicht ein unangenehmer und teurer Zwischenfall erspart geblieben. Aber so etwas weiß man ja leider nie im voraus.

Dabei fing der Tag so harmlos an: Der Pfad war zum Reiten wie geschaffen, die Pferde benahmen sich musterhaft, das Wetter war noch immer schön, und wir hatten gute Laune. Auf halbem Weg nach Borgheim aßen wir in einer kleinen Gastwirtschaft Fleischklößchen mit Salat, kauften Ansichtskarten und ritten nachmittags in gemächlichem Tempo weiter. Ab und zu legten wir eine Pause ein, um reife Blaubeeren und Walderdbeeren zu pflücken.

„Die Beeren schmecken wirklich gut“, sagte Anita schließlich, „aber Durst habe ich trotzdem. Wie wär's, wenn wir uns auf die Suche nach einem Kiosk machen würden?“

„Au ja, ein Eis wäre jetzt prima!“

„Ich möchte eine kalte Limonade!“

Lena und Elisabeth studierten die Landkarte und stellten

fest, daß wir nicht allzuweit von einer kleinen Bahnstation entfernt waren.

„Dort gibt's bestimmt auch einen Kiosk", sagte Elisabeth.

„Und ein Telefon sicher auch, dann können wir gleich zu Hause anrufen", fügte ich hinzu.

„Reiten wir also zum Bahnhof. Mir nach!" rief Lena und bog nach rechts ab, ritt durch ein Gebüsch und über einen ziemlich breiten Kiesweg.

Zehn Minuten später hatten wir den Bahnhof erreicht, vor dem es tatsächlich einen Kiosk gab. Ingrid sprang als erste vom Pferd. „Haltet Star Dust für mich", sagte sie. „Ich bin heute mit dem Telefonieren an der Reihe."

Ich übernahm die Zügel, und sie verschwand in der Telefonzelle.

„Ob die hier wohl Erdbeereis haben?" überlegte Lena.

„Ich will eins mit Schokolade", sagte ich.

Den Pferden gefiel es nicht besonders, auf dem asphaltierten Platz vor dem Bahnhof warten zu müssen. Sie bewegten unruhig die Köpfe und trippelten ziemlich nervös hin und her. Schon nach wenigen Minuten kam Ingrid wieder aus der Telefonzelle.

„Das war aber ein kurzes Gespräch", sagte ich.

„Ja, ich habe meiner Mutter nur gesagt, daß wir alle gesund und munter sind, und damit Schluß", erwiderte sie. „Und jetzt will ich Eis haben. Hältst du Star Dust noch ein bißchen, während ich einkaufe, Kiki?"

Ich nickte, und Elisabeth fügte hinzu: „Lena, Anita und Karin, ihr könnt euch ebenfalls gleich etwas holen. Wir halten inzwischen die Pferde für euch."

Die drei stiegen ab, übergaben uns die Zügel und gingen zum Kiosk. Einen Augenblick später bremste ein Auto heftig und blieb direkt hinter uns stehen. Die Pferde scheuten, Melissa stampfte gereizt mit den Hufen, und Marianne hatte

Schwierigkeiten, Primus zu beruhigen. Er warf den Kopf zurück und steckte Filur mit seiner Nervosität an, den Marianne für Anita am Zügel hielt. Primus begann rückwärts zu gehen, und Filur versuchte sich loszureißen. Natürlich wurde keines der Pferde ruhiger, als der Autofahrer zu allem Überfluß auch noch die Wagentür mit lautem Knall zuschlug.

Nun machte Primus den Versuch, vorwärts zu gehen, überlegte es sich jedoch anders, als er Mariannes Widerstand spürte, und scheute heftig zurück. Er tat einen Schritt, zwei Schritte, schlug aus, ging noch einen Schritt rückwärts und schlug mit dem rechten Hinterfuß ein zweites Mal aus.

Päng! machte es plötzlich. Er hatte die linke Wagentür mit dem Huf getroffen!

„Oh, nein!“ rief Marianne, doch ihr Protest konnte nichts mehr ändern. Der Schaden war bereits geschehen: Eine große Beule in der Wagentür zeigte deutlich, wo Primus' Huf gelandet war.

Der Autofahrer kam zurückgelaufen, starrte seinen Wagen an, richtete dann seinen anklagenden Blick auf Marianne und sagte: „Dein Pferd hat meine Tür beschädigt!“

Marianne antwortete nicht; sie schüttelte nur entsetzt den Kopf. Da kamen Lena, Anita und Karin angelaufen und stellten sich zwischen Primus und den Wagen.

Elisabeth war die erste, die sich wieder gefaßt hatte. „Nur keine Aufregung“, sagte sie ruhig.

„Also hört mal!“ rief der Autofahrer. „Eines von euren Pferden hat meinen Wagen kaputtgeschlagen!“

„Ihr Auto ist nicht kaputt“, sagte Elisabeth. „Eine der Türen hat eine Beule, das ist alles.“

„Wißt ihr, was es kostet, den Schaden wieder zu reparieren?“ fragte der Mann aufgeregt.

„Nein, das wissen wir nicht“, erwiderte Elisabeth.

„Dein Pferd hat meine Autotür beschädigt!"

„Wenn Sie nicht so plötzlich gebremst hätten, wären die Pferde nicht nervös geworden", brummte ich.

„Das hier ist aber eine Straße für Autos!" rief der Mann. „Kein Tummelplatz für Pferde!"

„Die Tür wird nicht wieder ganz davon, daß wir uns streiten", sagte Elisabeth langsam und deutlich.

Ich sah sie an und bewunderte ihre Ruhe. Ich selbst war viel zu erschrocken und verärgert, um jetzt so vernünftig sprechen zu können.

Der Autofahrer ging mit raschen Schritten um seinen Wagen herum, schüttelte den Kopf und murmelte etwas vor sich hin. Dann blieb er stehen, musterte zuerst Marianne und Primus und dann Elisabeth, lächelte zweifelnd und sagte: „Ja, ja. Das stimmt, die Tür wird nicht wieder ganz davon, daß wir uns streiten. Wir wollen also versuchen, uns darüber einig zu werden, wie wir die Sache am besten in Ordnung bringen können."

„Wieviel kostet es, die Tür zu reparieren?" fragte Elisabeth.

„Das weiß ich nicht, aber auf der anderen Seite der Bahnschranke gibt es eine Reparaturwerkstatt. Wir könnten hinfahren und uns erkundigen."

„Ich fahre mit Ihnen", sagte Elisabeth rasch, sprang von Figaros Rücken und reichte Lena die Zügel.

Während die beiden mit dem Auto losfuhren, mußten wir Marianne trösten. Sie war schrecklich niedergeschlagen. „Wir haben Glück gehabt, daß nur dem Auto etwas passiert ist", sagte ich. „Stell dir vor, wenn Primus sich verletzt hätte!"

„Du kannst nichts dafür. Alle Pferde waren nervös", versicherte Ingrid.

„Nimm's dir doch nicht so zu Herzen, Marianne!"

„Gott sei Dank hat Primus dich nicht abgeworfen. Du hättest dir ja einen Arm oder ein Bein brechen können!"

Nach einer Viertelstunde kam der Wagen wieder über das Bahngleis zurück. Elisabeth stieg mit ernstem Gesicht aus. „Es kostet dreihundert Mark, die Tür zu reparieren", sagte sie zu uns.

„So viel? Müssen wir das bezahlen?" fragten wir.

„Ja, leider", erwiderte sie. „Wir sind für den Schaden verantwortlich."

„Es tut mir leid, daß euch die Sache so teuer kommt", sagte der Autofahrer. „Aber es läßt sich nun einmal nicht ändern. Hoffentlich seid ihr mir nicht böse."

„Nein, sind wir nicht“, versicherte Elisabeth. „Und wir werden natürlich für die Reparatur aufkommen. Karin, gib mir bitte das Reservegeld.“

So verschwanden unsere dreihundert Mark in der Brieftasche des Autofahrers. Wir trugen den Verlust jedoch mit Fassung, und Elisabeth sagte ganz geschäftsmäßig: „Würden Sie mir bitte eine Quittung geben? Mit Ihrer Autonummer, Ihrem Namen und Ihrer Adresse.“

Der Mann zog einen Notizblock aus seinem Handschuhfach, schrieb etwas auf das oberste Blatt, riß es ab und übergab es Elisabeth. Sie las das Geschriebene durch und nickte.

„Ja, dann nichts für ungut“, sagte er und stieg in sein Auto.

Wir sahen ihm lange nach, ohne ein Wort zu sagen.

„Und was ist jetzt mit dem Eis?“ fragte Ingrid plötzlich. „Ich verdurste!“

Marianne machte noch immer ein unglückliches Gesicht.

„Jetzt vergessen wir die ganze Geschichte“, sagte ich. „Ändern können wir ja doch nichts mehr.“

„Marianne kann nichts dafür, daß Primus ausgeschlagen hat“, sagte Elisabeth bestimmt. „Das hätte uns mit jedem anderen Pferd auch passieren können. Wer die Sache noch mit einem einzigen Wort erwähnt, muß zur Strafe heute abend allen Pferden die Hufe auskratzen!“

Das brachte sogar Marianne zum Lachen.

Elisabeth ist spurlos verschwunden

Ein etwas kläglicher Ponyklub machte sich am nächsten Tag von Borgheim auf den Weg nach Altdorf. Alle machten gequälte Gesichter. Der Grund dafür war, daß wir nun langsam die Folgen unseres viertägigen Rittes zu spüren bekamen.

„Mir ist, als wäre meine Reitkappe aus Blei!" stöhnte Marianne.

„Mein Kopf tut mir so weh, daß es mir vor den Augen flimmert", seufzte Ingrid.

Jeder hatte an irgendeiner Stelle Schmerzen.

„Du liebe Zeit, mir bricht das Kreuz durch!"

„Ich habe schon fast keine Haut mehr auf den Knien – meine Hose scheuert so, daß ich verrückt werden könnte!"

Ich selbst hatte Schmerzen in den Oberschenkeln, als ob ich ständig einen Muskelkrampf hätte.

„Da hilft nur eines", sagte Elisabeth. „Ausruhen. Wir strengen uns heute möglichst wenig an."

Und genauso machten wir es auch. Wir ritten nur sehr kurze Strecken, rasteten häufig, badeten in einem Bach, kauften uns etwas zu essen, telefonierten mit unseren Eltern, sonnten uns auf einer Waldlichtung, wanderten hinkend mit den Pferden am Zügel weiter und erreichten gegen Abend endlich Altdorf.

Dort bekamen wir dank Herrn Eriks Vorsorge eine Weide für unsere Ponys zugewiesen. Glücklicherweise waren die Tiere in bestem Zustand – keines hatte Scheuerwunden von Sattel oder Trense. Wir säuberten ihre Hufe und ließen sie dann auf der Wiese frei.

Neben der Weide standen ein paar Laubbäume, in deren Schatten wir unser Lager aufschlugen. Wir legten uns ins weiche Gras, unterhielten uns halblaut und entspannten uns. Obwohl wir einen geruhsamen Tag hinter uns hatten, war er wegen unserer schmerzenden Glieder und Muskeln doch recht anstrengend gewesen.

Doch diese Unannehmlichkeiten waren nichts gegen den Schrecken, der uns am folgenden Tag erwartete . . .

*

Der sechste Tag unserer Reittour fing recht gut an. Wir fühlten uns bedeutend munterer als am Vortag. Die Schmerzen in unseren Armen und Beinen hatten nachgelassen, und die kleinen Scheuerwunden taten nicht mehr so weh.

Wir zählten unser Geld und stellten fest, daß wir uns ein ordentliches Frühstück leisten konnten. So ritten wir ins Zentrum von Altdorf und kauften uns Milch, warme Brötchen und Plunderhörnchen. Dann riefen wir zu Hause an und nahmen Kurs auf die „Graue Kate".

„Ich finde, der Name ‚Graue Kate' wirkt etwas unheimlich für ein Bauernhaus", sagte Ingrid.

„Es ist doch ein verlassener Hof", erwiderte ich.

„Aber früher haben ja mal Bauern dort gelebt."

„Damals hieß er bestimmt noch anders", meinte Elisabeth.

„Eine Schulfreundin hat mir einmal erzählt, daß es in der ‚Grauen Kate' spuken soll", sagte Karin.

„Rede bloß nicht von Gespenstern!" brummte ich.

„Gegen den ganzen Ponyklub hat ein Gespenst keine Chance", behauptete Lena lachend. „Sieben Mädchen und sieben Pferde können mit einem ganzen Regiment von Gespenstern fertig werden!"

Der Weg zur „Grauen Kate" war ausgesprochen beschwerlich. Wir mußten durch dichtes Unterholz und dunkle Wälder reiten. Es war die reine Wildnis! Lena ritt auf Charlie voraus. Die Wege waren verwildert und überwachsen, so daß Lena die ganze Zeit mit der Landkarte in der Hand reiten mußte und gezwungen war, sich wie ein Pfadfinder zu orientieren.

Wir anderen konnten Lena nicht in Reih und Glied folgen, da das Gelände so schwierig war. Ich selbst umging meistens das dichte Gebüsch, damit sich Melissa nicht durch Gestrüpp und niedrige Bäume zwängen mußte. Sie zieht es vor, steile Anhöhen hinaufzuklettern und hat schon immer eine Abneigung gegen zu dichtes Strauchwerk gehabt. Charlie, Primus und Munter dagegen weichen jeder Steigung mit Begeisterung aus und drängen sich mit Vorliebe durch Äste und Zweige. Filur und Star Dust nehmen fast jedes Gelände ohne Widerstreben; es sei denn, der Boden ist naß oder lehmig. Am schwierigsten ist Figaro. Er verweigert öfter und ändert seine Meinung von einer Minute zur anderen. Manchmal steigt er mit Leichtigkeit einen Hügel hinauf, aber einen Moment später kann es schon passieren, daß er sich einfach dagegen sträubt, zu klettern, und statt dessen lange Umwege macht, um eine Steigung zu vermeiden. Elisabeth war also diejenige unter uns, die die größte Mühe hatte, auf diesem Gelände vorwärtszukommen.

Auf diese Weise zerstreuten wir uns und waren manchmal mehrere hundert Meter voneinander entfernt. Doch noch immer ritt Lena voraus und blieb ab und zu stehen, um unsere Namen zu rufen und zu hören, ob wir ihr noch folgten.

Jede von uns legte ab und zu eine kurze Rast ein, damit die Pferde sich nicht überanstrengten. Es war eigentlich ziemlich aufregend, so ganz allein zu reiten, auch wenn wir dauernd durch Rufe miteinander in Verbindung blieben.

Doch plötzlich wurde es dunkel!

Schwarze Gewitterwolken ballten sich am Himmel, einem Blitz folgte ein donnerndes Krachen, und dann begann es heftig zu regnen.

Lena ritt auf einen kleinen Hügel, deutete nach links und rief, so laut sie konnte: „Die ‚Graue Kate‘ liegt in dieser Richtung! Sollen wir weiterreiten oder hierbleiben, bis das Gewitter vorbei ist?“

Von links und rechts antworteten ihr Stimmen aus dem Wald: „Ja, wir reiten sofort hin!“

„Können wir nicht unter den Bäumen bleiben?“

„Es ist doch gefährlich, sich bei einem Gewitter unter Bäume zu stellen!“

„Noch gefährlicher ist es, auf offenem Feld zu sein.“

Es donnerte bedrohlich, und die Blitze leuchteten grell am Himmel. Ich fürchtete mich nicht, wünschte mir aber doch, wir könnten so schnell wie möglich zur „Grauen Kate“ reiten, damit wir ein Dach über dem Kopf hatten.

„Wie weit ist's bis zur ‚Grauen Kate‘?“ rief Anita, die neben einer großen Birke stand.

„Ungefähr zehn Kilometer!“ brüllte Lena zurück.

In diesem Augenblick krachte es fürchterlich. Ein widerliches Zischen folgte, und vor unseren Augen zuckte blendend weißes Licht über den Himmel, die Erde schien zu zittern, und der Donner hallte gewaltig zwischen den Bergen.

Die Pferde erschraken natürlich und rasten los. Ich war völlig durcheinander und wußte sekundenlang nicht, wo ich war. Als ich jedoch merkte, wie Melissa einen bemoosten Abhang hinuntergaloppierte, fand ich meine Fassung wieder. Ich schaffte es, sie nach rechts abzudrücken und auf festeren Boden zu lenken. Dann ließ ich sie laufen, damit sie ihre Furcht loswerden konnte, und sah mich um. Lena ritt auf Charlie in wildem Galopp zum Wald, Marianne und Anita bewegten sich mit Primus und Filur im Kreis, und Ingrid lenkte Star Dust hinter Lena her. Von den anderen sah ich nichts.

Endlich verringerte Melissa ihr Tempo. Ich fragte mich, was ich tun sollte. War es besser, hinter Marianne und Anita herzureiten, oder sollte ich den gleichen Weg einschlagen wie Lena und Ingrid. Melissa nahm mir die Entscheidung jedoch ab – sie schnaubte energisch und lief dann in dieselbe Richtung wie Charlie und Star Dust. Und ich ließ ihr ihren Willen.

Ich beugte mich vor, streichelte Melissa und flüsterte ihr

beruhigende Worte ins Ohr. Sie warf den Kopf ein wenig zurück, war sonst allerdings einigermaßen ruhig und gehorchte sofort, als ich sie zügelte. Im Wald erhaschte ich einen Blick auf Ingrid, die einige hundert Meter vor mir ritt. Ich folgte ihr. Der Boden war ziemlich naß, und Melissa ging von selbst immer langsamer, um auf dem halb vermoderten Laub nicht auszugleiten, das nach diesem heftigen Regen recht schlüpfrig geworden war.

In Abständen sah ich Ingrid und Lena immer wieder vor mir und rief ihnen nach, sie sollten auf mich warten. Doch sie hörten mich nicht, und ich wagte keinen Versuch, sie einzuholen. Wenn wir Pech hatten, rutschte Melissa womöglich aus und verletzte sich.

Ich weiß nicht, wie lange ich so ritt, bis wir endlich zur „Grauen Kate" kamen. Wir mochten zwischen einer und zwei Stunden unterwegs gewesen sein. Ich war redlich müde und durchnäßt und ärgerte mich darüber, daß das Gewitter sich so hartnäckig über diesem Gebiet hielt.

Die „Graue Kate" sah bei diesem Unwetter sogar einladend aus

Die „Graue Kate“ sah in diesem Unwetter direkt einladend aus. Wenn man lange genug in Sturm und Regen unterwegs ist, erscheint einem alles herrlich, was Wände und ein Dach hat!

Als ich um das alte Gebäude herumritt, sah ich, daß Lena und Ingrid bereits eingetroffen waren. Sie hatten Charlie und Star Dust an einen baufälligen Schuppen gebunden. Ich ließ Melissa ebenfalls dort zurück und ging zu Lena und Ingrid, die gerade einen Zaun reparierten.

„Wir können die Pferde hier auf die Weide lassen, wenn die Lücken geschlossen sind“, sagte Lena. „Trag du unsere Packtaschen ins Haus, wir machen inzwischen weiter und binden dann die Pferde los.“

Ich nickte, sattelte der Reihe nach Charlie, Star Dust und Melissa ab und verfrachtete unser Gepäck ins Haus. Es war richtig schön, endlich ins Trockene zu kommen! Auf dem Boden lag ein kleiner Stapel Heu vom vergangenen Jahr; das breitete ich aus, damit wir uns darauflegen konnten. Als ich die Rucksäcke und Taschen öffnete, stellte ich fest, daß ein Großteil unserer Sachen durchnäßt war. Ich hängte die Kleidungsstücke über einen Dachbalken und rollte die Schlafsäcke und Decken auseinander, die glücklicherweise nur an den Rändern naß geworden waren.

Gerade als ich meine Jeans auszog, kamen Karin und Anita unter lautem Gestöhne und Geseufze ins Haus und ließen sich erschöpft ins Heu fallen.

Es dauerte ziemlich lange, bis Lena und Ingrid mit dem Zaun fertig waren, und eine weitere halbe Stunde verging, ehe Marianne auftauchte.

„Himmel, es war gar nicht leicht, hierherzufinden!“ sagte sie. „Ich bin ein paarmal in die falsche Richtung geritten.“

„Hast du Elisabeth gesehen?“ fragte ich.

„Nein.“

Auch keine von den anderen war Elisabeth auf dem Weg zur „Grauen Kate“ begegnet. „Sie wird sich doch nicht verirrt haben?“ überlegte ich angstvoll.

„Elisabeth verirrt sich nicht!“

„Aber warum ist sie dann noch nicht hier?“

„Sie hat sich vielleicht irgendwo untergestellt und wartet, bis das Gewitter vorüber ist.“

„Sie kommt bestimmt bald.“

„Sollen wir ein Feuer anmachen?“

„Hier drinnen? Nein, das dürfen wir nicht! So ein altes Holzhaus brennt wie Zunder. Wenn's nicht mehr regnet, können wir im Freien ein Lagerfeuer anzünden.“

„Meine Kleider sind klatschnaß.“

„Mach's doch wie ich – ich hänge sie über den Balken und krieche in meinen Schlafsack.“

„Jetzt esse ich ein paar durchweichte Schokoladenwaffeln – die sind zwar klebrig, aber sie schmecken prima.“

Eine Stunde nach der anderen verging. Elisabeth kam nicht.

„Sie hat sich bestimmt verirrt!“

„Wenn ihr nur nichts passiert ist!“

„Wir müssen sie suchen!“

„Vielleicht liegt sie schon im nächsten Krankenhaus?“

„Wir warten noch ein bißchen . . .“

Eine weitere Stunde verging. Elisabeth blieb verschwunden. Die Dunkelheit brach rasch herein, und das Gewitter verzog sich. Doch noch immer ging ein starker Wind, der unheimlich durch die Ritzen des alten Hauses pfiff, während wir beisammensaßen und von Minute zu Minute ängstlicher wurden.

„Wir müssen zur Polizei gehen.“

„Nein, wir warten noch. Vielleicht kommt sie gleich mit Figaro angehinkt.“

„Mein Gott, ich habe solche Angst, daß ihr etwas zugestoßen ist!“

„Wir reiten los und suchen sie!“

„Und wenn sie entführt worden ist?“

„Sag so etwas nicht!“

„Wenn sie bis zwölf Uhr nicht hier ist, reiten wir los und bilden Suchtrupps.“

„Wie spät ist es jetzt?“

„Halb zwölf.“

Noch dreißig Minuten bis Mitternacht . . .

Eine aufregende Nacht in der „Grauen Kate"

Draußen war es stockdunkel. Wir knipsten unsere Taschenlampen an und richteten ihren Lichtstrahl auf die Fenster, damit Elisabeth sah, wo wir waren, falls sie in der Finsternis zur „Grauen Kate“ geritten kam.

Doch sie kam nicht. Punkt zwölf Uhr sagte Lena: „Jetzt müssen wir etwas unternehmen. Ingrid, du reitest mit mir zusammen nach rechts; Karin und Anita, ihr haltet euch links. Kiki und Marianne bleiben hier.“

Ich hätte mich am liebsten auch an der Suche beteiligt, doch es mußte ja auch jemand hier sein, falls Elisabeth inzwischen kam. So sagte ich nichts, sondern nickte nur.

„Wenn ihr an einem Bauernhof vorbeikommt und noch Licht seht, könnt ihr ja anklopfen und fragen, ob sie etwas von Elisabeth wissen“, sagte Marianne.

„Ja, natürlich tun wir das!“ versicherte Lena.

Die vier schlüpften also wieder in ihre nasse Kleidung, nahmen die Sättel und gingen zu den Pferden hinaus.

Marianne und ich blieben schweigend im Heu sitzen.

Ich spürte, wie meine Angst um Elisabeth immer stärker wurde. Schließlich konnte ich nicht länger dagegen ankämpfen und brach in Tränen aus. Da drehte sich Marianne zu mir um, und ich merkte, daß sie ebenfalls weinte.

„Stell dir vor, wenn wir Elisabeth nicht mehr finden!" schluchzte sie.

Ich hatte genau den gleichen Gedanken, sagte es jedoch nicht. Statt dessen versuchte ich, uns beide zu beruhigen, indem ich erwiderte: „Ein Pferd und eine Reiterin können nicht einfach spurlos verschwinden." Dabei gab ich mir die größte Mühe, durch das Fenster zum Wald hinüberzuspähen, doch meine Augen waren blind vor Tränen.

Die Zeit schien stillzustehen. Die Zeiger meiner Armbanduhr bewegten sich unheimlich langsam.

„Wann kommen sie denn endlich?" wisperte Marianne. „Vielleicht haben sie sich jetzt alle verirrt?"

„Nein, natürlich nicht", antwortete ich so vernünftig wie möglich, obwohl ich am ganzen Körper vor Unruhe zitterte. Wieder warteten wir; eine Stunde, zwei Stunden.

Ich sah auf die Uhr. Es war fünf Minuten vor drei.

In diesem Augenblick hörten wir Hufschlag. Wir stürzten aus dem Haus und riefen: „Elisabeth! Elisabeth!"

Aus der Dunkelheit kamen Lena und Ingrid geritten. In kurzem Abstand folgte Anita mit Karin.

„Wo ist Elisabeth?" fragte ich.

„Ist sie nicht bei euch?" erwiderte Lena entsetzt.

Wir sahen einander lange wortlos an; dann seufzte Lena und stieg vom Pferd.

Die anderen folgten ihrem Beispiel und führten ihre Ponys auf die Weide. Gemeinsam gingen wir in das alte Bauernhaus.

„Warum habt ihr nicht weitergesucht?" fragte ich.

„Wir haben schon die ganze Gegend durchgekämmt und keine Spur von ihr gefunden."

„Mein Gott, vielleicht ist sie vom Pferd gestürzt und liegt irgendwo bewußtlos mit einem gebrochenen Bein!"

„Es hat keinen Sinn mehr, in der Dunkelheit zu suchen. Unsere Taschenlampen sind ausgebrannt. Sobald es draußen hell wird, machen wir weiter. Jetzt müssen wir uns unbedingt ausruhen. Die Pferde sind auch völlig erschöpft."

Wir legten uns ins Heu, und Lena berichtete von der Suchaktion. Ich hörte anfangs zu, merkte dann jedoch, wie ich einschlief. Ich erinnere mich noch daran, daß ich leise vor mich hin murmelte: „Elisabeth ist nicht verschwunden, sie kommt bald. Elisabeth ist nicht verschwunden . . ."

Dann muß ich fest geschlafen haben, denn plötzlich fuhr ich zusammen, setzte mich auf und wußte zuerst nicht, wo ich war. In der Finsternis sah ich mich um; alle schienen zu schlafen. Doch wodurch war ich aufgewacht?

Ein Laut hatte mich geweckt – ein schwaches Seufzen und schwere, schlurfende Schritte. Nun hörte ich es wieder!

„Elisabeth!" flüsterte ich.

Keine Antwort.

„Elisabeth!" sagte ich ein wenig lauter.

Da erwachte Lena, die neben mir lag.

„Was ist los?" wisperte sie.

„Ich habe ein Geräusch gehört. Paß mal auf!"

Lena stieß die anderen an, und alle fuhren hoch. Wir lauschten angestrengt. Und dann hörten wir es wieder – ein Seufzen, schlurfende Schritte . . . Totenstille folgte.

„Ob das Elisabeth ist?" sagte ich leise.

„Elisabeth!" rief Lena.

Wir warteten auf eine Antwort, doch nichts erfolgte.

„Das war ein Gespenst!" stieß Anita hervor.

„Ich hab euch doch gesagt, daß es hier in der ‚Grauen Kate' spuken soll", flüsterte Karin ängstlich.

„Es gibt keine Gespenster", versicherte Lena.

„Sollen wir rausgehen und nachsehen?“ überlegte Ingrid. Doch keiner rührte sich.

„Wir warten ein bißchen“, schlug Marianne vor.

Unbeweglich saßen wir da und lauschten. Ich machte die Augen fest zu und ballte die Hände zu Fäusten. Es war verteufelt unheimlich, so im Dunkeln in einem uralten Haus zu sitzen und zu warten.

„Es war bestimmt der Wind, der diese Geräusche verursacht hat“, sagte Lena nach einer Weile. „Kommt, wir legen uns wieder hin und schlafen, bis es hell wird.“

Doch gerade als wir das tun wollten, polterte etwas gegen die Hauswand! Wir fuhren hoch und drängten uns vor Entsetzen dicht aneinander.

„Hier bleibe ich nicht“, stöhnte Anita.

„Sei still!“ zischte Lena.

„Aber dieses Gepolter . . .“

„Ruhe!“

Gleich fange ich zu schreien an, dachte ich. Schon holte ich tief Luft, da hörte ich ein vertrautes Geräusch. Ein Pferd wieherte!

„Das ist Figaro!“ rief Lena.

Ich stürzte ins Freie, und die anderen folgten mir. Nicht weit vom Eingang zur „Grauen Kate“ entfernt stand wirklich Figaro, und neben ihm lag Elisabeth im Gras.

„Bist du verletzt?“

„Wo bist du gewesen?“

„Ich bin so schrecklich müde!“ stöhnte Elisabeth. „Heft mir ins Haus.“

„Ja!“ schrien wir, lachten wie verrückt und tanzten um sie herum. Dann faßten Lena und ich sie unter und führten sie in die „Graue Kate“, während die anderen Figaro absattelten und auf die Weide ließen. Drinnen im Haus sank Elisabeth aufs Heu und seufzte ein paarmal schwer; dann sagte sie: „Ihr

„Elisabeth, bist du verletzt!“ rufen die Mädchen ängstlich

habt doch hoffentlich nicht meine Eltern angerufen und ihnen gesagt, daß ich verschwunden bin?“

„Nein, haben wir nicht!“

„Das ist gut“, erwiderte sie nur und schloß die Augen.

Die anderen kamen mit Elisabeths Gepäck und Sattelzeug herein, und wir setzten uns im Kreis um sie herum und lachten und weinten vor Freude, weil sie endlich wieder bei uns war.

„Was ist passiert?“ fragten wir. „Wo bist du gewesen?“

„Ich will schlafen“, erwiderte sie erschöpft.

„Nein, jetzt nicht. Erst erzählst du uns alles. Nachher kannst du schlafen, so lange du willst.“

Da richtete sie sich mühsam auf, rieb sich die Augen und fing an zu berichten: „Als es so furchtbar blitzte und donnerte, drehte Figaro vollkommen durch und galoppierte wie der Teufel los. Ich konnte ihn einfach nicht mehr halten. Als ich es endlich schaffte, ihn zu zügeln, wußte ich nicht mehr, wo ich war. Ich stieg also ab und wollte ihn auf eine kleine Anhöhe führen, um mich umzusehen. Da merkte ich, daß Figaro hinkte; er hatte ein Hufeisen verloren. Zwar hatte ich eines zur Reserve dabei, aber ich konnte es nicht allein anbringen. Weil Figaro Schmerzen im Fuß hatte, traute ich mich nicht, ihn zu reiten, sondern führte ihn in die Richtung, wo ich die ‚Graue Kate' vermutete. Ich bin stundenlang gegangen. Dann ist es dunkel geworden, und ich hatte keine Ahnung, was ich tun sollte."

„Hast du dich gefürchtet?"

„Anfangs nicht, aber nach ein paar Stunden schon. Doch Figaro drängte sich dicht an mich und stupste mich immer wieder aufmunternd. So biß ich die Zähne zusammen und stolperte weiter. Und Figaro hinkte tapfer mit. Er ist ein wunderbares Pferd, ein besseres gibt es nicht!"

„Hast du vorhin draußen geseufzt?" fragte Anita.

„Ja, als ich die ‚Graue Kate' endlich erreicht hatte, war ich so erschöpft, daß ich fast ohnmächtig wurde. Ich kroch nur noch auf allen vieren weiter, weil meine Füße so schrecklich schmerzten. Als ich endlich zum Haus kam und sah, daß eure Pferde auf der Weide standen, konnte ich keinen Schritt mehr gehen. Ich legte mich einfach auf den Boden und seufzte vor Freude, weil ich es endlich geschafft hatte."

„Und wer hat so gegen die Wand gepoltert?"

„Das muß Figaro gewesen sein. Er versuchte sich loszumachen, um zu den anderen Ponys auf die Weide zu kommen. Dabei ist er wahrscheinlich gegen die Hauswand gestoßen."

„Hast du nicht gehört, daß wir nach dir riefen?"

„Nein."

Wir saßen eine Weile ganz still da.

„Wie gut, daß du hergefunden hast", sagte Anita schließlich. „Wir haben stundenlang nach dir gesucht."

Elisabeth lächelte schwach und nickte. Dann legte sie sich langsam mit geschlossenen Augen zurück, und Sekunden später schlief sie schon fest.

Wir anderen saßen noch längere Zeit da, ohne ein Wort zu sagen, sahen Elisabeth an und lächelten einander zu, ehe wir uns ebenfalls im Heu ausstreckten und einschliefen.

Eine Reittour ist das schönste Abenteuer!

Am nächsten Tag erwachten wir erst gegen zwölf Uhr. Die Sonne schien, und wir fühlten uns unerhört glücklich. Wir ließen die Pferde auf der Weide grasen, legten uns in den Schatten und hörten Elisabeth zu, die ihre Erlebnisse wieder und wieder schildern mußte.

„Wenn du unterwegs zu einem Bauernhof gekommen wärst, hättest du dann deine Eltern angerufen und ihnen alles erzählt?" fragte ich.

„Ich weiß nicht", erwiderte sie. „Aber ich glaube nicht, daß ich es getan hätte. Sonst würden sie mir bestimmt kaum erlauben, je wieder auf Reittour zu gehen."

„Von wegen Bauernhof", warf Lena ein. „Wir müssen unbedingt versuchen, jemanden zu finden, der Figaros Huf beschlagen kann. Ohne Hufeisen schafft er es nicht zurück zur Reitschule."

„Wir lassen ihn heute noch ausruhen", antwortete Elisabeth. „Das tut ihm gut, und er hat's redlich verdient."

Lena holte die Landkarte aus ihrer Packtasche und stellte fest, daß es nur wenige Kilometer von der „Grauen Kate" entfernt einen Bauernhof gab.

„Ich reite hin und frage, ob hier in der Gegend jemand ein Pferd beschlagen kann", sagte sie. „Wenn nicht, telefonieren wir nach einem Hufschmied."

Ich stand auf. „Ich komme mit."

„Dann könnt ihr auch gleich etwas zu essen kaufen", sagte Anita.

„Und Schokolade und Limonade!" rief Karin.

„Wieviel Geld haben wir noch?" fragte Ingrid.

Wir legten all unser Geld zusammen und zählten es. Es waren zweiundzwanzig Mark.

„Ich nehme es mit und kaufe dafür ein", sagte ich.

Als wir zum benachbarten Bauernhof kamen, wurden wir von einem alten Mann freundlich begrüßt. Wir fragten ihn, ob er in der Umgebung jemanden wüßte, der ein Pferd für uns beschlagen könnte. Da lächelte er uns an und erwiderte: „Ich habe jetzt selbst keine Pferde mehr, aber über fünfzig Jahre lang hatte ich welche, und ich habe sie immer selbst beschlagen. Also werd ich es wohl noch schaffen, einem Pony ein Hufeisen anzunageln!"

Wir waren hocherfreut, bedankten uns und sagten, daß wir morgen wiederkommen würden.

„Gibt es hier in der Nähe einen Laden?" fragte Anita.

„Ja, drunten an der Landstraße", erwiderte der alte Bauer. „Milch könnt ihr bei mir kaufen, wenn ihr Durst habt."

„Danke, aber wir möchten ein kleines Fest feiern, und dazu brauchen wir Limonade!" sagte ich.

„Milch ist aber gesünder."

„Ja, schon", stimmte ihm Lena zu. „Aber wenn man ein Fest feiern will, macht Limonade mehr Spaß."

„Na ja, da habt ihr wohl recht", erwiderte der Bauer lachend. „Also, ihr reitet jetzt diesen Pfad entlang und schlagt den Weg nach rechts ein, dann stoßt ihr direkt auf den Laden. Auf Wiedersehen dann, bis morgen!"

„Auf Wiedersehen, und vielen Dank!" riefen wir und ritten weiter.

Im Lebensmittelgeschäft kauften wir warmen Leberkäse, Semmeln, Hörnchen, Schokolade, Bonbons und Limonade für die ganzen zweiundzwanzig Mark.

„Stell dir vor, wenn Primus nicht gegen die Autotür geschlagen hätte, könnten wir jetzt für dreihundert Mark einkaufen!" sagte ich zu Lena.

„Ja, wenn das Wörtchen wenn nicht wär!" erwiderte sie. „Wenn Elisabeth letzte Nacht den Weg zur ‚Grauen Kate' nicht gefunden hätte, wären wir heute todunglücklich, ob mit oder ohne dreihundert Mark!"

Ich mußte zugeben, daß das stimmte.

Wir ritten also zurück und deckten gemeinsam unsere Festtafel im Gras vor der „Grauen Kate".

„Der Leberkäse ist zwar schon kalt", sagte Elisabeth, „aber schmecken tut er trotzdem."

„Ein Hoch auf unseren Ponyklub!" rief ich und hob meinen Plastikbecher mit Limonade.

Und da standen wir alle auf und ließen unseren Ponyklub hochleben.

„Sollen wir unseren Eltern erzählen, daß eine von uns sich verirrt hat?" fragte Ingrid schließlich, als wir satt und zufrieden unter einer Buche lagen.

Elisabeth schüttelte den Kopf. „Nein, wir sagen nichts davon – wenigstens nicht sofort."

„Diese Reittour werde ich bestimmt nie vergessen!" seufzte Anita.

„Ja, es war das schönste Abenteuer, das ich je erlebt habe!" fügte Karin hinzu.

„Wer weiß, was noch alles passiert", sagte ich. „Wir haben ja noch eine Nacht in der ‚Grauen Kate' vor uns. Vielleicht spukt es doch noch."

„Laß die Gespenster nur kommen, wenn sie sich trauen!" riefen die anderen. „Wir fürchten uns nicht!"

Doch in dieser Nacht kam kein Gespenst. Wir schliefen friedlich und sattelten am nächsten Morgen unsere Pferde für den letzten Tag unserer Reittour. Dann führten wir sie hinüber zum Nachbarhof, wo Figaro ein neues Hufeisen bekam, und machten uns mit frischen Kräften auf den Heimweg.

„Ob uns wohl jemals wieder etwas soviel Spaß machen wird wie diese Reittour?" sagte Lena ein wenig wehmütig, als wir uns Aspens Reitschule näherten.

„Im Ponyklub passieren doch dauernd lustige und aufregende Sachen", versicherte Elisabeth.

„Hoffentlich hast du recht", erwiderte Marianne.

Und natürlich behielt Elisabeth recht. Neue Abenteuer und lustige Ereignisse erwarteten uns.

KIKI
plant ein Ponyfest

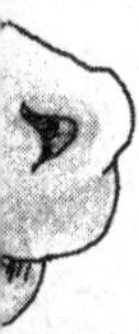

Hilfe, unsere Klubkasse ist leer!

„Dringende Besprechung des Ponyklubs!“ hatte uns Karin erklärt. Nun saßen wir gespannt in unserem Klubraum. Jede von uns rutschte kribbelig auf ihrem Stuhl hin und her, weil wir die Pferde für die Dressur vorbereiten wollten.

„Was hat denn Karin nur. Jede von uns sieben weiß doch, daß aus der Klubkasse die Mäuse mit verweinten Augen herausschauen!“ murmelte ich Elisabeth zu.

Trotzdem schlug es wie ein Donnerschlag ein: „Unsere Klubkasse ist völlig leer, wir sind pleite!“ Mit einemmal war die gute Stimmung wie weggeblasen.

Jede von uns überlegte fieberhaft, was sie alles brauchte. Wir wurden auch nicht fröhlicher, als Elisabeth uns darauf aufmerksam machte, daß wir in einigen Wochen auch Geld für den Hufschmied, den Futtertransport und eine neue Fensterscheibe für den Klubraum haben mußten. Dann versuchte sie mit Humor die Stimmung wieder zu retten: „Siehst du, Kiki, jetzt sitzen wir wie verweinte Mäuschen da!“

Ja, die Lage war düster.

„Haben wir nicht wenigstens so viel, daß es für ein Los reicht", fragte Anita.

„Ein Los?" echoten wir.

„Ja, wir legen unser Geld zusammen. Dann kaufen wir ein Los und gewinnen mehrere tausend Mark damit", erklärte Anita munter.

„Pah, so was passiert nur in Büchern", sagten wir. „Und außerdem weißt du doch, daß wir völlig abgebrannt sind."

„Na, vielleicht hat dann eine von uns nachts einen Glückstraum", fuhr Anita fort. „So einen Traum, durch den man erfährt, wo vergrabene Schätze und kostbarer Schmuck und so was zu finden sind."

„Jetzt hör aber auf", seufzten wir.

„Wir müssen uns eben eine Arbeit suchen", meinte Elisabeth schließlich. „Das ist die einzige Möglichkeit, um zu Geld zu kommen."

„Arbeit ist nicht so leicht zu finden", erwiderte ich düster. „Fast jeden Tag liest man in der Zeitung, wie schwierig es gerade für junge Leute ist, Geld zu verdienen."

„Aber vielleicht ist's mit Aushilfstätigkeiten einfacher", meinte Karin.

„Was denn für Aushilfstätigkeiten?" fragte ich. „Wir haben doch keine Ausbildung, wir gehen doch zur Schule!"

„Nein, das einzige, wovon wir etwas verstehen, sind Pferde", bestätigte Anita.

Wir kamen nicht dazu, uns weiter über die Sache zu unterhalten. Es war Zeit, in die Halle zu reiten, wo uns Herr Erik, der Besitzer der Reitschule, eine Dressurstunde geben wollte.

Später aber, als wir unsere Pferde trockengerieben und versorgt und unsere Ausrüstung in den Sattelkisten verstaut hatten, setzten wir das begonnene Gespräch fort. Wir stimmten darin überein, daß es nicht richtig war, immer zu unseren Eltern zu gehen und um Geld zu betteln. Außerdem hatten mehrere Mütter und Väter – unter anderem auch meine Eltern – deutlich gesagt, daß die Extraausgaben für unsere Pferde zu hoch geworden seien.

„Ich finde, wir sollten uns zuerst einmal darüber einig werden, daß wir das Geld gemeinsam verdienen wollen", sagte Elisabeth. „Seid ihr damit einverstanden?"

„Ja!"

„Prima."

Nach kurzem Schweigen fragte Anita: „Aber was passiert, wenn nicht alle von uns Arbeit bekommen?"

„Diejenigen, die keine bezahlte Arbeit finden, übernehmen dafür den Stall und die Pferde. Auf diese Weise gleicht es sich aus", sagte Elisabeth.

Wir nickten zustimmend.

„Aber was für eine Art Arbeit können wir denn annehmen?" fragte Ingrid. „Wir müssen doch schließlich auch zur Schule gehen, da bleiben nur die Nachmittage."

„Wir könnten ja auch an Samstagen und Sonntagen arbeiten", schlug ich vor.

„Da sind doch fast alle Betriebe und Läden geschlossen", seufzte Lena.

„Ein anderes Hindernis ist, daß wir minderjährig sind", fügte Marianne hinzu. „Es gibt viele Arbeiten, die man erst ab achtzehn annehmen darf."

„Und die älteste von uns ist vierzehn", sagte Elisabeth.

„Ich bin erst zwölf", warf Anita ein.

„Nein, so geht das nicht!" sagte Lena entschlossen. „Hindernisse sind dazu da, daß man sie überwindet. Wir werden jetzt eine Liste der Arbeiten aufstellen, die wir übernehmen könnten. Kiki als Schriftführerin notiert alle Vorschläge."

Ich griff nach Papier und Bleistift, setzte mich an den

Tisch und wartete auf eine Flut von Einfällen. Doch da wartete ich vergebens. Wir redeten und redeten, aber ein wirklich vernünftiger Vorschlag kam nicht dabei heraus. Zuletzt, als es schon fast zehn Uhr war und die Dunkelheit wie ein schwarzer Vorhang hinter den Fenstern des Klubraumes lag, hatten wir wenigstens ein paar Möglichkeiten gefunden – und meine sauber geschriebene Liste sah folgendermaßen aus:

Laufmädchen in Blumenläden
Mädchen für alles im Warenhaus
Putzfrau in der Tankstelle
Babysitter

Das war keine besonders reiche Ausbeute, aber besser als gar nichts. Ehe wir unsere Sitzung beendeten, entschieden wir noch, wer von uns wohin gehen sollte. Ingrid und ich wollten in der Blumenhandlung fragen, Karin und Lena im Warenhaus, Elisabeth und Anita in der Tankstelle. Marianne sollte von Haus zu Haus gehen und den Leuten klarmachen, daß sie unbedingt junge, zuverlässige Babysitter oder Kindermädchen brauchten.

Wir versuchten, möglichst hoffnungsvolle Gesichter zu machen, als wir uns verabschiedeten. Und wir sagten zueinander, daß wir bestimmt eine Menge Angebote bekommen würden und uns die aussuchen könnten, die am besten bezahlt waren.

Doch im tiefsten Innern hatte ich das finstere Gefühl, daß es nicht so kommen würde.

Und natürlich bekamen wir keine Arbeit.

In der Blumenhandlung hatten sie bereits zwei Laufburschen, und fünf oder sechs Oberschüler warteten schon darauf, ebenfalls dort aushelfen zu dürfen. Im Warenhaus hieß es, wir wären zu jung, und in der Tankstelle brauchten sie durchaus keine zusätzliche Arbeitskraft.

Einen Babysitter wollte auch niemand.

Es war zum Heulen.

Ich fühlte mich enttäuscht und traurig – und wie immer, wenn ich Trost brauche, ging ich zu meinem Pony Melissa.

Es begrüßte mich mit frohem Gewieher, und ich stieg in ihre Box und umarmte sie lange. Als sie sah, daß ich nicht gerade in bester Laune war, schmiegte sie sich sofort tröstend an mich und nickte aufmunternd. Mit ihren großen, sanften Augen sah sie mich liebevoll an, und ich merkte, wie eine warme Welle von Glück in mir aufstieg. Meine Niedergeschlagenheit verschwand; ich lächelte Melissa an, zerraufte ihre Mähne und flüsterte: „Ich mag dich am liebsten auf der ganzen Welt!"

Da wieherte sie zur Antwort und puffte mich mit der Nase, um mir zu zeigen, daß sie mich auch gern hatte. Für

„Ich mag dich am liebsten auf der ganzen Welt!" flüsterte Kiki

ein paar Sekunden wurde mir ganz schwindelig, denn es ist ein unbeschreibliches Glücksgefühl, mit seinem Pferd zu „sprechen“ und wirklich zu spüren, daß man einander versteht.

Melissa ist ein feinfühliges Pony und trotzdem nicht nervös. Sie hat Temperament, und ihre Stimmung wechselt häufig, genau wie meine: Manchmal ist sie schlecht gelaunt und störrisch, manchmal fröhlich und ausgelassen. Wir haben gemeinsam alle Schwierigkeiten des Zureitens überwunden und bemühen uns nun beide, sowohl im Springen als auch im Dressurreiten ein gutes Team zu werden.

Natürlich kommt es manchmal vor, daß Melissa böse auf mich ist oder ich auf sie, aber so etwas geht immer sehr rasch vorüber, und meistens arbeiten wir ausgezeichnet zusammen. Wir mögen uns eben einfach – und ich weiß, daß sie meine Gefühle versteht.

Ein Klubfest kann uns retten

Im Klubraum herrschte trübe Stimmung. Wir hatten uns fest vorgenommen, den Erwachsenen zu zeigen, daß wir allein zurechtkommen konnten. Wie aber sollten wir es schaffen?

„Es ist eine Schande, daß uns nichts einfällt, was sich wirklich durchführen läßt“, sagte Elisabeth finster.

Wir nickten zustimmend und fühlten uns richtig erbärmlich. Alle saßen schweigend da und starrten auf den Boden. Doch plötzlich stieß ich einen Schrei aus und rief: „Jetzt hab ich's! Ich weiß, was wir tun!“

Sie sahen mich mißtrauisch an, doch ich ließ mich durch den Mangel an Begeisterung nicht entmutigen, fuchtelte mit den Armen und sagte: „Was ist es, was wir im Ponyklub gemeinsam haben?"

„Hm – Pferde?!"

„Genau! Eins mit Stern für diese Antwort, Karin!" sagte ich. „Das, was wir gemeinsam haben, sind Pferde, und da ist es wohl ganz selbstverständlich, daß uns unsere Pferde beim Geldverdienen helfen, oder?"

Alle nickten.

Doch begriff keine, was ich meinte. Eifrig erklärte ich: „Wir veranstalten einen Wettkampf und eine ganze Menge anderer Sachen, verlangen Eintrittsgeld und verkaufen Lose und so was! Versteht ihr?"

Im Bruchteil einer Sekunde wurde allen klar, auf welch genialen Einfall ich gekommen war. Wie durch einen Zauber verschwand unsere Mißstimmung; wir redeten wild durcheinander und schmiedeten große Pläne. Dabei entstand ein derartiges Stimmengewirr, daß man kaum sein eigenes Wort verstand.

Endlich schlug Elisabeth mit der Faust gegen die Wand und rief: „Ruhe! Als Vorsitzende des Ponyklubs bestimme ich hiermit, daß eine nach der anderen redet, und daß Kiki alle Vorschläge aufschreibt, die gemacht werden."

Ich holte rasch Papier und Bleistift, und Anita meldete sich als erste zu Wort. „Ich finde, wir sollten einen Wettkampf im Springreiten veranstalten und zwei Mark Eintritt verlangen", sagte sie.

„Wir könnten überall Plakate ankleben und Zettel verteilen, auf denen wir unser Fest ankündigen", fügte Ingrid hinzu.

„Und dann machen wir eine eigene Lotterie", schlug Marianne vor. „Als Preise setzen wir Sachen aus, die wir entbehren können – zum Beispiel ein Buch, das noch wie neu aussieht, ein Taschentuch, das wir in der Schule bestickt haben, einen Schmuckgegenstand oder eine Schallplatte, die wir selbst nicht mehr hören wollen."

„Wir könnten auch Kleinigkeiten für die Lotterie basteln", meinte Lena. „Da gibt's tausenderlei Dinge . . ."

„Zähl jetzt nicht alle tausend auf", sagte ich, „sonst kriege ich einen Schreibkrampf."

„Wir könnten kleine Kinder gegen Bezahlung auf unseren Ponys reiten lassen", warf Elisabeth ein.

„Reiten ist doch wohl nicht der richtige Ausdruck", verbesserte ich. „Du meinst, daß wir die Pferde herumführen, während die Kleinen im Sattel sitzen, oder?"

„Genau", bestätigte Elisabeth.

„Ich finde, wir sollten eine Zeitung über Pferde und die Reiterei herausgeben", schlug Karin vor.

„Aber woher sollen wir eine Schreibmaschine und einen Vervielfältigungsapparat nehmen?" fragte ich.

„Beides könnten wir von meinem Vater ausleihen. Wir haben so einen Apparat zu Hause im Keller. Mein Vater ist nämlich Sekretär bei einem Sportverein und schreibt öfter Mitteilungen und solche Sachen."

„Das mit der Zeitung ist eine gute Idee", bestätigte Marianne.

„Wir kochen Karamel-Bonbons und verkaufen sie!" rief Anita.

Ich sagte: „Eigentlich finde ich, daß wir mit unseren Pferden auch ein bißchen Dressur vorführen sollten. Eine von uns könnte dabei die verschiedenen Figuren und Gangarten durch Herrn Eriks Lautsprecher erklären."

„Glaubst du, daß uns Herr Erik den leiht?"

„Ach, ganz bestimmt."

Ich schrieb so schnell und so viel, daß ich das Gefühl hatte, mein Bleistift müßte zu rauchen anfangen. Eine Seite nach der anderen füllte sich mit Vorschlägen. Es war einfach wunderbar. Wir beschlossen, daß die geplante Veranstaltung „Ponyklubs Festtag" heißen und am Sonntag in zwei Wochen stattfinden sollte.

„Und jetzt gehen wir zu Herrn Erik und fragen ihn, ob wir die Springbahn benutzen dürfen. Hoffentlich ist er mit unseren Plänen einverstanden", sagte Elisabeth schließlich.

Unter fröhlichem Lärm machten wir uns auf den Weg zu Herrn Eriks Haus, klopften an die Tür und wurden eingelassen. Elisabeth berichtete sowohl von unserem Entschluß, Geld zu verdienen, als auch von unseren Schwierigkeiten – und dann erklärte sie, wie wir uns den Festtag des Ponyklubs vorgestellt hatten.

Herr Erik hörte schweigend zu, nickte ein paarmal und machte ein nachdenkliches Gesicht. Gespannt standen wir da und warteten auf seine Antwort.

Mir schien es eine Ewigkeit zu dauern, bis er sich endlich äußerte. „Da habt ihr einen guten Einfall gehabt", sagte er. „Aber leider muß ich euch enttäuschen. Ihr könnt die Springbahn nicht benutzen."

Es war, als hätte uns jemand mit kaltem Wasser übergossen. Ich sah Elisabeth an und merkte, daß sie ganz bleich war. Sie schluckte mehrmals und sagte mit erstickter Stimme: „Ja, dann gehen wir jetzt wohl am besten wieder . . ."

Doch Herr Erik unterbrach sie. „Nein", erwiderte er, „bleibt noch. Ich glaube, es gibt eine andere Lösung. Wißt ihr, ich habe ein paar Arbeiter herbestellt, die die Springbahn in Ordnung bringen sollen. Sie müssen mit Traktoren arbeiten und dafür sorgen, daß der Boden richtig entwässert wird, damit das Regenwasser nicht immer in großen Pfützen auf der Bahn liegt. Dann können wir sie später nicht nur fürs Springen, sondern auch zur Dressur benutzen. Und diese Arbeit muß jetzt im Herbst getan werden. Aber wenn ihr bereit seid, euch selbst eine Bahn mit Hindernissen herzurichten, dann stelle ich euch die Weide hinter der alten Scheune zur Verfügung. Was haltet ihr davon?"

Ein kurzes, verwirrtes Schweigen trat ein. Wir starrten einander an und sprudelten plötzlich alle auf einmal los: „Natürlich! Furchtbar gern! Vielen Dank – die Weide ist goldrichtig!"

Dann wünschte er uns viel Erfolg, und wir eilten aus dem Haus.

„Jetzt gehen wir sofort zur Weide hinauf!" sagte ich eifrig, als wir auf dem Hof standen.

„Wir gehen nicht – wir laufen!" rief Karin und raste auch schon los.

Sieben keuchende Mädchen standen ein paar Minuten später neben der alten Scheune und sahen über die Weide. Die Dunkelheit war schon hereingebrochen, und man konnte kaum erkennen, wie uneben der Boden war. Trotzdem entdeckten wir ein paar große Grasbuckel und Steinbrocken, die wir wegschaffen mußten. Im übrigen war es eine wunderbare Wiese. Wir konnten sie ganz leicht in eine Springbahn verwandeln.

„Hat eine von euch Erfahrung, wie man Steinbrocken aus der Erde stemmt?" fragte Elisabeth.

„Das schaffen wir mit vereinten Kräften", sagte Lena. „Der Ponyklub überwindet alle Hindernisse – sogar steinerne!"

„Wollen wir die Scheune anstreichen, damit sie richtig lustig aussieht?" schlug Ingrid vor.

„Nein, das kostet zuviel Geld", erwiderte ich. „Farbe ist doch furchtbar teuer, und die Leute kommen ja, um uns und unsere Pferde zu sehen und nicht, um einen alten Schuppen zu bewundern."

„Aber innen müssen wir sie jedenfalls saubermachen",

sagte Marianne. „Dann können wir dort unsere Lotterie und die Verkaufsstände einrichten."

Wir krochen unter dem Zaun durch und gingen über die Weide. An mehreren Stellen war der Boden uneben, und das Gras wuchs ziemlich hoch, aber damit konnten wir fertig werden.

Als wir langsam heimwärts wanderten, sagte Lena: „Am anstrengendsten wird es werden, wenn wir die Hindernisse von der Springbahn heraufbringen, glaube ich."

„Wir haben noch vierzehn Tage Zeit", erwiderte Elisabeth, „und brauchen nichts zu überstürzen. Wenn wir alles gut einteilen, schaffen wir's leicht."

Wir schlenderten über den schmalen Kiesweg, der direkt an der Weide entlangführt, und gingen dann auf der Landstraße weiter. An der kleinen Wegkuppe blieben wir stehen und sahen auf die alte Scheune herab. Keiner sagte ein Wort, doch wir lächelten einander zu. Ich spürte, daß meine Freundinnen genau wie ich an unser Ponyfest dachten.

Doch später, als ich im Bett lag, konnte ich nur schwer einschlafen. Ich war kein bißchen müde. Mir schwirrte der Kopf, und alle meine Gedanken kreisten um den bevorstehenden Festtag unseres Ponyklubs.

Wie wird man ein Auto wieder los?

Am nächsten Morgen wachte ich kurz vor sieben auf. Es war ein herrlicher Tag, windstill und wolkenlos. Hastig duschte ich und zog mich an, um möglichst bald in den Stall zu kommen. Meine Eltern schliefen noch. Deshalb bemühte ich mich, so leise wie eine Maus zu sein. Trotzdem kam mein Bruder Michael mürrisch in die Küche geschlurft, als ich mein Frühstück herunterschlang und fragte, weshalb ich an einem schulfreien Samstag nicht ruhig im Bett bleiben und schlafen könnte.

Ich erklärte ihm, daß ich es eilig hätte, in die Reitschule zu kommen, weil wir heute mit dem Bau unserer Springbahn beginnen wollten.

„Komisch ist das mit dir", brummte er. „Wenn du morgens in die Schule sollst, bist du müde und schlecht gelaunt und beklagst dich, daß du zuwenig geschlafen hast. Wenn's aber um Pferde geht, bist du putzmunter."

„Aber verstehst du denn nicht", erwiderte ich, „daß es ein wahnsinniger Unterschied ist, ob man zur Schule oder in den Stall geht?"

„Nein, das verstehe ich nicht", behauptete er und biß in mein Käsebrot. „Ich finde, daß sowohl Lehrer als auch Pferde Lebewesen sind, ohne die man auskommen kann."

„Du bist zu klein, um den Unterschied zu begreifen", sagte ich und rümpfte die Nase. Ich hatte nicht einmal Lust, mich im Spaß mit ihm herumzustreiten. Also setzte ich mich an den Küchentisch, blätterte in der Morgenzeitung und aß meine Brote. Michael blieb noch eine Weile stehen, starrte mich schlaftrunken an, brummte dann etwas vor sich hin und schlurfte wieder in sein Zimmer zurück.

Eine Viertelstunde später trafen sich die Mitglieder des Ponyklubs in der Reitschule. Nachdem wir unsere Pferde begrüßt hatten, begannen wir die Arbeit einzuteilen. Eine schleppte die Spaten und Hacken, die anderen vier die Balken für die Hindernisse; ich nahm die Schubkarre, und Elisabeth zog mit einer Schaufel und einem Eimer los.

Auf dem Weg zur Weide schmiedeten wir Pläne, wie schön wir alles herrichten würden. Im Geiste sahen wir bereits eine perfekte Springbahn mit ausgezeichneten Zuschauerplätzen vor uns.

Doch unser Traumbild löste sich sehr plötzlich in Luft auf, als wir die Weide erreichten. Zuerst trauten wir unseren Augen nicht. Wie versteinert standen wir da und bekamen vor Verblüffung den Mund nicht mehr zu.

Mitten auf der Wiese stand ein Autowrack!

„Das kann doch nicht wahr sein“, stöhnte ich. „Wer hat das Vehikel hierher gestellt?“

Elisabeth setzte ihren Eimer ab und kroch unter dem Zaun durch. Wir anderen folgten ihr, umkreisten das Auto und musterten es voller Abscheu. Es war ein großer Personenwagen mit Rostflecken auf den Türen. Die Scheibe des Rückfensters war eingeschlagen und die Scheinwerfer zersplittert. Ich wurde so wütend, daß ich dem Auto einen Fußtritt versetzte und laut fluchte.

„Immer mit der Ruhe“, sagte Elisabeth verbissen, „die Kiste verschwindet nicht, so sehr du sie auch verwünschst.“

„Aber sie muß weg!“ rief ich.

„Könnten wir nicht den Besitzer ausfindig machen?“ überlegte Lena.

„Die Nummernschilder sind weg“, sagte Karin düster.

„Wie ist das bloß auf unsere Weide gekommen?“ fragte ich.

„Irgend jemand hat’s vermutlich abgeschleppt, ein paar Zaunlatten beiseitegeschafft und das Fahrzeug auf die Wiese gerollt“, erwiderte Elisabeth.

„Wie kann ein Mensch bloß so frech und verantwortungslos sein?“ schnaubte Ingrid.

„Vielleicht kann man das Auto wieder von hier wegfahren“, sagte Marianne. „Wer weiß, der Motor funktioniert womöglich noch.“

„Soviel Glück haben wir wohl nicht“, meinte Elisabeth. „Aber wir sollten auf jeden Fall jemanden fragen, der etwas von Autos versteht. Ich hole Herrn Erik.“

„Das kann doch nicht wahr sein, wer hat das Vehikel hierhergestellt?“

Unser Hoffnungsschimmer verschwand, als Herr Erik eine Viertelstunde später die Motorhaube hob und sagte: „Die Batterie und die Zündkerzen sind weg, und außerdem fehlen bestimmt auch noch ein paar Motorteile."

„Dann kann man mit dem Ding also nicht fahren?"

„Nein, leider nicht."

„Was tun wir dann?"

„Ich weiß nicht genau", erwiderte Herr Erik. „Ihr müßt versuchen, das Auto irgendwie wegzuschaffen. Ich kann euch leider nicht helfen, weil ich momentan selbst soviel zu tun habe."

„Kann man nicht die Polizei verständigen?" fragte Karin.

„Die können wohl auch nichts unternehmen", sagte Herr Erik.

„Und die Müllabfuhr?"

„Die hat weder die Pflicht noch die Möglichkeit, ein Autowrack abzuholen."

„Aber wir können es doch nicht einfach wegtragen!" sagte ich verzweifelt. „Und stehenbleiben kann es auch nicht, weil sonst unser Festtag platzt. Was sollen wir bloß machen?"

Herr Erik sah bekümmert von uns zum Wagen, murmelte etwas vor sich hin und erwiderte: „Ich kann euch nichts anderes vorschlagen, als daß ihr das Ding auseinandernehmt und die Einzelteile auf den großen Müllplatz beim Sandhügel bringt."

Damit nickte er uns zu und ging. Wir sahen ihm nach, und als er hinter der Scheune verschwunden war, fragte ich seufzend: „Schaffen wir das?"

„Wir müssen einfach!" sagte Lena.

„Weiß jemand von euch, wie man ein Auto auseinandernimmt?" erkundigte sich Anita.

„Man dreht an den Schrauben", sagte ich etwas unsicher.

„Und wenn man lange genug geschraubt hat, fällt das Auto auseinander.“

„Wir brauchen Werkzeug“, stellte Marianne fest.

Gemeinsam gingen wir ins Büro und liehen uns Herrn Eriks Werkzeugkiste aus. Dann begannen wir zu hämmern, zu schrauben, zu klopfen und zu schlagen.

Ingrid und Lena saßen im Wageninnern und versuchten einen Sitz auszubauen. Sie zerrten und zogen, aber das Ding saß eisern fest. Schließlich wurde Lena müde und ließ sich ziemlich heftig auf das Polster fallen, um auszuruhen – doch da schoß sie wie von der Tarantel gestochen hoch!

Genau da, wo sie sich niedergelassen hatte, war der Stoff gerissen, und zwei Spiralfedern schnellten gegen ihren Po. Es sah wirklich komisch aus. Lena war ziemlich erschrocken; sie begriff zuerst nicht recht, was passiert war, und starrte verdutzt auf den Sitz. Dabei betastete sie vorsichtig ihr Hinterteil.

„Stell dir vor, wenn die Federn stärker gewesen wären“, rief ich, „dann wärst du direkt durchs Autodach geflogen!“

Alle lachten, ausgenommen Lena, die ein paar Schritte ins Freie hinkte und dann voller Wut gegen das Auto trat, so fest sie konnte – da flog die Motorhaube auf! Und jetzt konnte sich nicht einmal mehr Lena das Lachen verbeißen.

Ein paar Minuten später drehte Karin an der falschen Schraube. Sie war unter das Auto gekrochen und hatte angefangen, an den Eingeweiden des Wagens herumzubasteln. Plötzlich hörten wir einen Schreckensschrei, und Karin kam unter dem Auto hervorgeschossen, so rasch man das in einer solchen Lage nur kann. Ihre Jacke war ölverschmiert, sie selbst hatte schwarze Spritzer im Gesicht. Spuckend und keuchend deutete sie auf das Auto. Wir bückten uns und sahen uns die Sache genauer an. Aus einem kleinen Loch rann dickes, dunkles Öl.

„Ähhh, schmeckt das widerlich!“ zischte Karin. „Ich hab Öl in den Mund bekommen. Pfui Spinne!“

Ohne zu überlegen, wischte sie sich mit den Händen über Mund und Kinn. Leider hatte das zur Folge, daß die Ölflecken verschmiert wurden, so daß Karin plötzlich wie ein Neger aussah.

Uns kam das furchtbar lustig vor, doch Karin konnte nichts Komisches an der Situation entdecken. Als wir sie aber dazu brachten, sich in der Windschutzscheibe zu betrachten, konnte sie nicht länger böse sein und kicherte laut über ihr schmutziges Spiegelbild.

Nach mehreren Stunden harter Anstrengung hatten wir schließlich nicht nur eine Tür abmontiert, sondern auch den Aschenbecher, den Kofferraumdeckel, die Scheibenwischer, sämtliche Türgriffe, die Schlußlichter, mehrere Leisten und eine Menge Knöpfe und Hebel.

Trotz dieser eindrucksvollen Menge loser Teile sah der Wagen noch immer ziemlich heil und unversehrt aus. Er ähnelte eher einem fetten Schwein, das sich von einem Trupp lärmender Mädchen nicht aus der Ruhe bringen ließ.

Wir luden die Schubkarre voll, trugen den Rest selbst und machten uns auf den Weg zum Schuttabladeplatz. Es dauerte fast eine halbe Stunde, bis wir ihn erreichten; heimwärts ging es bedeutend schneller. Als wir wieder beim Stall eintrafen, gingen wir in den Klubraum, aßen unsere Butterbrote und tranken Saft. Es schmeckte herrlich.

Dann rüsteten wir uns erneut zum Angriff auf das Auto. Doch trotz bestem Willen und größter Anstrengung schafften wir es nicht, den Wagen so weit zu zerlegen, daß sich die Einzelteile abtransportieren ließen.

Dabei stellten wir ohne Bitterkeit fest, daß wir als Automechaniker nicht besonders begabt waren. Dagegen bewiesen wir sehr viel Talent, uns schmutzig zu machen.

„Die ganze Szene erinnert mich an einen komischen alten Stummfilm", sagte Anita.

Schließlich faßte ich den Entschluß, nach Hause zu radeln und meinen Bruder Michael zu fragen, ob er und seine Freunde uns helfen wollten.

„Hat er eine Ahnung von Autos?" fragte Elisabeth.

„Ich glaube schon. Sicher bin ich nicht, aber fragen kostet ja nichts, oder?"

„Na, dann viel Glück!"

Also strampelte ich auf meinem Fahrrad heimwärts. Meine Eltern waren ausgegangen, doch Michael lag in seinem Bett und las. Ich schluckte eine bissige Bemerkung über die Tageszeit hinunter, erzählte ihm statt dessen vom Autowrack auf unserer Weide und bat ihn um Hilfe.

Er sah richtig stolz aus, als er die Beine über die Bettkante schwang und sagte: „Ich rufe meine Freunde an. In ungefähr einer Stunde sind wir bei euch."

„Prima, bin ich froh!"

„Auf der Weide sind heute wohl keine Pferde?" fragte er etwas ängstlich, als ich mich zum Gehen wandte.

„Nein, nichts als ein altes Auto und der Ponyklub."

„Aha, in Ordnung."

Ich radelte mit Höchstgeschwindigkeit zu meinen Freundinnen zurück und rief ihnen schon von weitem fröhlich entgegen, daß Hilfe unterwegs sei.

„Die brauchen wir wirklich", sagte Lena und wischte sich den Schweiß von der Stirn. „Das ist ein verteufelt anstrengendes Geschäft."

„Wenn wir Glück haben, ist das Vehikel vielleicht bis heute abend zerlegt", meinte Karin.

„Dann könnten wir morgen anfangen, unsere Bahn anzulegen", sagte ich hoffnungsvoll . . .

Ein Traktor als rettender Engel

Gegen vier Uhr kamen Michael und fünf seiner Freunde. Sie gingen ein paarmal um das Auto herum und unterhielten sich fachmännisch über Baujahr und Pferdestärke. Dann sahen sie sich den Motor an und tauschten unverständliche Bemerkungen aus. Anschließend griffen sie nach dem Werkzeug und begannen zu schrauben, zu hämmern und zu stemmen.

Wir sahen hoffnungsvoll zu. Ich erwartete, daß der Wagen jeden Augenblick in eine Menge kleiner Einzelteile auseinanderfallen würde. Doch nach einer halben Stunde stand er noch genauso vierschrötig und unerschütterlich da wie zuvor.

Bald waren die Jungen voller Schmutz und Ölflecke, und ihre Gesichter wurden immer mürrischer.

„Das ist schwieriger, als ich dachte", brummte Michael.

Ich versuchte sie aufzuheitern, indem ich sagte, daß sie das Auto von uns geschenkt bekämen, wenn sie es noch vor dem Abend von der Weide wegschaffen könnten. Doch dieser Witz wurde überhaupt nicht gewürdigt.

„Am einfachsten wäre es, wenn wir's sprengen würden", meinte einer von Michaels Freunden. „Weiß jemand von euch, wie man an ein bißchen Dynamit kommen könnte?"

„Nein, nein!" riefen wir. „Du bist ja verrückt, Dynamit ist wahnsinnig gefährlich!"

„Beruhigt euch", sagte Michael. „Das war doch bloß Spaß."

Eine Stunde später aber begann ich mich langsam selbst nach Sprengstoff zu sehnen. Das wäre schon eine praktische

Sache gewesen – nichts als ein paar Sekunden Arbeit, und – päng! Anschließend hätte man die Überreste des Autos nur noch auf eine Kehrichtschaufel zu fegen brauchen.

Kurz vor sechs Uhr war es fast finster. So blieb uns nichts anderes übrig, als für heute Schluß zu machen. Wir waren müde und niedergeschlagen. Einer der Jungen sagte: „Man müßte den Wagen hochhieven. Anders bekommt man ihn nicht auseinander. Ihr braucht eine Winde."

„Was ist das, eine Winde?" fragten wir.

„Ein Instrument, das man unter den Wagen stellt. Dann kurbelt man daran, so daß das Auto hochgeschraubt wird."

„Wo kann man so was ausleihen?" fragte Anita.

„Bei Herrn Erik vielleicht", meinte Elisabeth.

Wir verabschiedeten uns von Michael und seinen Freunden und gingen zum Stall, doch Herr Erik war nicht da. Dafür entdeckten wir auf der alten Springbahn einen großen gelben Traktor mit Baggerschaufel. Der Boden war an mehreren Stellen aufgebrochen. Der könnte uns retten, überlegten wir. Doch für heute waren unsere Kräfte erschöpft. Wir verabschiedeten uns und hofften, daß der morgige Tag rosiger aussehen würde.

Am nächsten Morgen versammelten wir uns gegen neun Uhr vor dem Reitstall. Herr Erik und ein paar fremde Männer arbeiteten bereits an der Springbahn, obwohl Sonntag war. Als wir ihm die Sache mit der Winde erklärten, hörte auch der Traktorfahrer interessiert zu. Schließlich lächelte uns der Fahrer an und sagte: „Ich glaube, ich kann euch helfen. Ich brauche nämlich ein paar alte Autoreifen. Um zehn Uhr ist meine Vormittagspause, da komme ich zu euch."

Der Traktorfahrer erwies sich als richtiger Fachmann. Zuerst stellte er fest, daß eine Winde gar nicht nötig sei, dann fuhr er mit der Vorderkante der Baggerschaufel unter das Auto und hob es langsam hoch. Anschließend montierte er die Reifen ab und wollte uns zwanzig Mark dafür bezahlen. Wir weigerten uns zuerst, das Geld anzunehmen, doch er blieb fest.

„Ich brauche die Reifen als Stoßschutz für den Bootssteg, den ich im Frühling bauen will", sagte er. „Und ich hätte einem Schrotthändler mindestens zwanzig Mark für diese Reifen geben müssen. Deshalb will ich, daß ihr jetzt das Geld nehmt."

Wir protestierten, doch es half nichts. Er drückte Elisabeth den Zwanzigmarkschein in die Hand, und da blieb ihr nichts anderes übrig, als sich dafür zu bedanken.

„Sonst können Sie wohl nichts von dem Auto brauchen?" fragte Lena.

„Doch, freilich", erwiderte er. „Ich nehme gern noch ein paar Teile als Unterbau für meinen Steg."

„Prima!" riefen wir. „Je mehr von dem Vehikel verschwindet, desto besser."

Lachend kletterte er auf seinen Traktor, hob den Wagen mit der Baggerschaufel ein Stück hoch und ließ ihn dann mehrmals auf den Boden prallen. Dann hämmerte er auf das Dach und die Seiten ein, daß es krachte, und plötzlich fiel das Auto auseinander. Mit der Baggerschaufel hob er die Teile hoch, die er brauchte, winkte uns noch einmal zu und fuhr davon. Zurück blieb ein großer Haufen Schrott.

Wir brauchten den ganzen Tag, um die Überreste zum Schuttabladeplatz zu schleppen. Als das geschafft war, freuten wir uns natürlich; doch gleichzeitig bedrückte es uns auch, daß wir ein ganzes Wochenende damit verbracht hatten, ein Autowrack zu beseitigen.

„Wir können von Glück sagen, daß der Traktorfahrer einen Bootssteg bauen will, sonst hätte es womöglich

Wir staunten. plötzlich hatte die Baggerschaufel das Autowrack in einen Schrotthaufen verwandelt

mehrere Wochen gedauert, bis wir die Klapperkiste losgeworden wären", sagte ich.

Die anderen nickten.

„Eigentlich müßten wir von jetzt an jede Nacht hier Wache halten", meinte Elisabeth, „damit nicht noch einer kommt und sein ausrangiertes Auto hier abstellt."

„Wenn ich noch mal einen Wagen auf dieser Weide sehe, werde ich verrückt!" prophezeite ich.

„Wache halten, nützt auch nichts", sagte Anita, „denn was sollen wir tun, wenn irgendein großer, starker Kerl daherkommt, sein Auto hierher stellt und wieder abmarschiert? Wir können ihn schließlich nicht verhauen, oder?"

Wir gingen zum Stall, kümmerten uns noch eine Stunde

um unsere Pferde und versammelten uns dann für kurze Zeit im Klubraum. Hier kamen wir zu dem Ergebnis, daß wir unser Fest um eine ganze Woche verschieben mußten.

„Aber wir legen den Tag erst dann fest, wenn wir wissen, wie wir mit dem Aufstellen der Hindernisse vorankommen", sagte Elisabeth. „Vielleicht haben wir Glück und schaffen's schon nächste Woche."

Ich war so müde, daß ich mich mehr tot als lebendig fühlte – und der bloße Gedanke daran, die kommenden Nachmittage weiter so schuften zu müssen, brachte mich beinahe zum Heulen. Es hat ja alles seine Grenzen – selbst wenn man pferdenärrisch ist!

Warum hat sich Petrus gegen uns verschworen?

Wir kamen in den folgenden Tagen nicht dazu, Hindernisse aufzustellen, denn der Regen strömte nur so vom Himmel.

„Woher kommt bloß das ganze Wasser?" seufzte Anita.

„Von oben", sagte ich düster.

„Das weiß ich selbst. Ich meine, daß die Wolken ja von irgendwo kommen müssen, oder? Und warum verziehen sie sich nicht an einen Ort, wo der Regen gebraucht wird?"

„Sie könnten doch zur Sahara weiterziehen, das wäre nützlicher", stimmte Karin zu.

„Wenn man ein Flugzeug hätte, könnte man hochfliegen und sie wegschieben", sagte Marianne.

„Wenn das Wörtchen wenn nicht wär", brummte Elisabeth. „Wir können nicht einfach so herumsitzen und uns lauter unmögliche Dinge wünschen. Wir müssen etwas tun!"

„Was denn?" fragte ich.

„Wir könnten zum Beispiel die Karamellen für unsere Lotterie kochen."

„Aber wir wissen ja den Termin für den Festtag noch nicht, und wenn die Karamellen zu lange liegenbleiben, dann werden sie...", begann ich.

Und Lena vollendete: ... „aufgegessen. Puh, ich kann das Wort Festtag schon bald nicht mehr hören!" seufzte sie. „Wenn das so weitergeht, fällt er sowieso ins Wasser. Alles scheint sich gegen uns verschworen zu haben."

Alle machten niedergeschlagene Gesichter, und eine bedrückte Stimmung senkte sich über den Klubraum. Doch da rief Elisabeth: „Schluß jetzt mit der Unkerei! Es hat keinen Zweck, wie trübe Tassen herumzusitzen. Wir werden's schon schaffen!"

„Ja", sagte Marianne. „Der Ponyklub überwindet alle Hindernisse!"

„Ich weiß, was wir tun", stieß Karin plötzlich begeistert hervor. „Wir könnten anfangen, eine Zeitung zu schreiben und sie dann verkaufen. Dazu leihen wir uns eine Schreibmaschine von meiner großen Schwester und den Vervielfältigungsapparat meines Vaters, der bei uns im Keller steht. Paps hat mir versprochen, daß wir ihn benutzen dürfen."

„Ehrlich?"

„Ja, wirklich! Er hat gesagt, daß ich den Apparat für vernünftige Zwecke benutzen darf, und eine eigene Zeitung unseres Ponyklubs ist doch wohl ein vernünftiger Zweck!"

Der Meinung waren wir auch. Wir radelten zu Karins Haus, zogen unsere Regenmäntel und Gummistiefel aus und gingen in den Keller. Karin schleppte die Schreibmaschine herbei, und bald saßen wir alle um einen Tisch und versuchten einen originellen Namen für unsere Zeitung zu finden.

Mehrere Vorschläge wurden gemacht, unter anderem „Sattel-Neuigkeiten", „Pony-Post" und „Pferdefreund", doch nach einigem Hin und Her entschlossen wir uns, die Zeitung „Gewieher" zu nennen. Der Name gefiel uns – er klang nicht so tierisch ernst und ließ keinen Zweifel daran, daß es sich um eine Pferdezeitschrift handelte.

Wir einigten uns darauf, daß die Zeitung lustige Geschichten über Pferde und den Reitsport enthalten sollte, nähere Angaben über die Mitglieder des Ponyklubs, die Beschreibung einer Dressurstunde und ein Pferdequiz. Außerdem sollte jeder von uns ein paar Zeilen über sein Lieblingspferd schreiben; und mit diesem Teil der Zeitung begannen wir.

Zuerst entwarf jeder seinen Text auf einem Notizblock. Dann versammelten wir uns um die Schreibmaschine und spannten eine Matrize ein, die wir von Karins Vater bekommen hatten, da wir unsere Texte ja vervielfältigen wollten. Eine Matrize sieht wie ein dicker Bogen Schreibpapier aus, auf dem man aber keine Fehler machen sollte. Man kann darauf nämlich nicht radieren, sondern muß eine Flüssigkeit über die falschen Buchstaben streichen, die wie roter Nagellack aussieht, und dann auf die gleiche Stelle wieder tippen, nachdem der Lack getrocknet ist.

Jede von uns schrieb ihren Text selbst auf die Matrize, und das war eine ziemlich vertrackte Angelegenheit. Keine von uns konnte nämlich ordentlich Maschineschreiben. Mit zusammengebissenen Zähnen plagten wir uns ab, so gut wir konnten.

Natürlich vertippten wir uns laufend, und als wir die Matrize endlich vollgeschrieben hatten, ähnelte sie einem Blatt Papier voll Tomatensauce, weil wir die Fehler mit der roten Flüssigkeit bestrichen hatten.

Ich hatte folgendes geschrieben:

Kiki: Mein Lieblingspferd heißt Melissa. Es ist das schönste Pony der Welt. Wir zwei haben schon viele aufregende Reittouren unternommen. Melissa springt auch gut. Ich bin sicher, daß sie bald im Dressurreiten noch bessere Leistungen erreichen wird.

Natürlich war ich sehr neugierig, wie mein Text gedruckt aussehen würde. Die anderen hatten ungefähr ebensoviel über ihre Pferde geschrieben; alles zusammen ergab eine ganze Seite. Karins Vater half uns, die Matrize in den Apparat einzuspannen. Er zeigte uns auch, wie wir das Gerät bedienen mußten. Dann ging er wieder, und wir drückten voll gespannter Erwartung auf den Startknopf. Ein Surren erklang, und plötzlich kamen ein paar Blätter aus einem breiten Schlitz des Apparates geschossen. Dann surrte es weiter, und als fünfundzwanzig Seiten herausgekommen waren, schaltete das Gerät von selbst aus. Wir griffen nach dem obersten Blatt, legten es auf den Tisch und beugten uns darüber, um unsere erste Zeitungsseite zu betrachten.

Sie sah völlig verrückt aus!

Alle begannen zu lachen. Wir hatten sogar beim Ausbessern auf die falschen Tasten der Schreibmaschine gedrückt. So sah beispielsweise der Anfang meiner Beschreibung von Melissa aus:

Kiki: Mein LeiplingsPvert hie:t MEliaaa. ES ixt das schäns6e ponY dEr We+t?

All die anderen Texte wirkten genauso irrsinnig, und ein Teil der Zeilen war unverständlich. Wir lasen alles durch und lachten, daß uns die Tränen über die Backen liefen.

„Eine richtige Witzzeitung!" keuchte ich.

Als wir uns endlich wieder einigermaßen beruhigt hatten,

sagte Elisabeth: „Spaß beiseite – ihr seid euch doch klar darüber, was das bedeutet? Wenn wir nicht einmal eine einzige leserliche Seite zustande bringen, wie sollen wir dann eine Zeitung machen, für die wir Geld verlangen können, ohne uns zu schämen?"

Ein nachdenkliches Schweigen trat ein. Elisabeth hatte leider recht.

„Dieser Festtag ist einfach vom Pech verfolgt", sagte Ingrid enttäuscht. „Bisher ist nichts nach Plan gegangen."

„Sogar das Wetter ist gegen uns", seufzte Marianne.

„Hört auf mit dem Gejammer!" rief Elisabeth ärgerlich. „Unternehmt lieber etwas!"

„Was denn?" fragte Karin. „Sollen wir uns eine Trommel holen und einen Regentanz aufführen, um die Wolken wegzuzaubern?"

„Prima Vorschlag!" Ich lachte. „Wartet bloß noch einen Augenblick, dann radle ich heim und bringe meinen Fotoapparat. Bestimmt könnten wir eine Menge Geld mit Bildern verdienen, auf denen die Mitglieder des Ponyklubs geheimnisvolle Verrenkungen zu Ehren des Regengottes machen!"

„Wie wär's, wenn wir uns mehr an die Glücksgötter halten würden?" sagte Anita plötzlich. Sie zog ein paar Zettel aus der Tasche und meinte, wir sollten für die zwanzig Mark, die wir vom Traktorfahrer bekommen hatten, Tippscheine ausfüllen.

„Wenn wir Glück haben, gewinnen wir eine ungeheure Menge Geld", meinte sie hoffnungsvoll.

Wir wechselten zweifelnde Blicke. Doch die Verlockung, mit einem Einsatz von nur zwanzig Mark ein Vermögen zu gewinnen, war zu groß.

Also füllten wir die Scheine aus; Anita zeigte uns, wie man das machte.

„Ich sehe schon die Überschrift in den Zeitungen", sagte Karin. „Hauptgewinn für pferdenärrische Mädchen! Wie klingt das?"

„Pah, so was kommt bloß in Büchern vor", erwiderte ich.

„Wartet's nur ab", murmelte Anita.

Ich muß ehrlich zugeben, daß ich mir an den folgenden Abenden vor dem Einschlafen ausmalte, wie das wäre, wenn wir wirklich etwas gewinnen würden. Keine riesenhafte Summe, sondern nur so viel, wie wir eben gerade brauchten.

Auch die Hindernisbahn macht uns Kopfzerbrechen

Endlich hörte es auf zu regnen. Und endlich konnten wir anfangen, unsere Hindernisbahn zu bauen. Das tröstete uns ein wenig über die Enttäuschung hinweg, daß wir natürlich im Lotto völlig falsch getippt hatten. Mit vereinten Kräften transportierten wir Stämme, Balken, Kisten und Tonnen zur Weide. Das war zwar anstrengend, aber recht einfach. Bedeutend schwieriger wurde die Sache, als wir uns entschließen mußten, wo wir die einzelnen Hindernisse aufstellen sollten. Sie mußten ja so angeordnet werden, daß man dazwischen vernünftig reiten konnte. Außerdem hatten wir darauf zu achten, daß der Boden unserer Weide nicht gerade die beste Unterlage für eine Springbahn darstellte.

Überall waren Grasbuckel, Steinbrocken, kleine Gruben und andere Unebenheiten. Einen Teil davon konnten wir abtragen oder auffüllen. Doch manche Steine waren so groß, daß sie sich keinen Millimeter von der Stelle bewegten, so sehr wir auch gruben und stemmten.

Um festzustellen, wo die besten Stellen für die

Hindernisse waren, holten Karin und ich unsere Pferde und ritten einige Proberunden über die Bahn. Die restlichen Mädchen vom Ponyklub standen auf der Wiese und taten, als wären sie Hindernisse.

Es klappte nicht so richtig. Zwischen einigen „Hindernissen" war der Abstand zu kurz, und an einer Stelle kam man beim Wenden unweigerlich in die gefährliche Nähe eines Steinbrockens. Wir änderten also die Anordnung und markierten mit verschiedenen Stöcken, wo die einzelnen Hindernisse errichtet werden sollten. Dann mußten wir „nur" noch mit dem Aufstellen beginnen.

An drei Nachmittagen schafften wir drei Hindernisse. Tonnen mit Querbalken, einen Oxer und ein Gatter.

Am mühsamsten war es, den Boden zu ebnen. Es dauerte viele Stunden, bis wir zufrieden waren. Doch schließlich hatten wir auch das geschafft und bekamen von Herrn Erik zur Aufmunterung etwas Farbe, mit der wir die Hindernisse rot und weiß anstreichen konnten.

Wir beschlossen auch, einen Graben auszuheben, der mit Wasser gefüllt werden sollte. Wir gruben, bis wir Schwielen an den Händen hatten. Dann schleppten wir eimerweise Wasser herbei und gossen es in den Graben – doch das Wasser verschwand! Es versickerte noch während des Einfüllens. Dann aber kamen wir auf einen guten Trick; wenigstens hielten wir ihn anfangs für gut.

Am nächsten Tag brachten wir große Plastiktüten mit, die wir auf dem Boden des Grabens ausbreiteten. Doch es war nicht besser als vorher: Das Wasser suchte sich einen Ablauf zwischen den Tüten und versickerte im Nu. Der Spaß kostete uns einen ganzen Nachmittag. Schließlich fanden wir uns damit ab, daß der Graben trocken bleiben mußte.

Wir arbeiteten nicht nur an unserer Bahn, sondern ritten

auch, vor allem Dressur. Dabei waren wir abwechselnd Lehrer und Schüler füreinander. Nach den Übungsstunden bekrittelten wir uns gegenseitig. Zwar fällt diese Kritik bei uns im Ponyklub nicht immer ganz sachlich aus, dafür aber ehrlich. Dabei ergeben sich dann solche Gespräche:

„Du schaust aus wie ein Klacks Butter, wenn du Dressur reitest!“

„Du kommst mir vor wie ein Affe auf dem Schleifstein!“

„Ich weiß. Aber hast du dich selbst mal gesehen? Du kommst mir wie ein Affe auf dem Schleifstein vor!"

„Du wirkst auch wie ein Stück Butter auf einer heißen Kartoffel. Dauernd rutschst du vor und zurück."

„Nennst du mein Pferd vielleicht eine Kartoffel? Paß bloß auf, daß ich nicht einen nassen Lappen nehme und dir damit den Mund stopfe!"

„Eine Riesenkartoffel mit Sattel! Und im Sattel sitzt ein großer Butterklacks und schaukelt ängstlich hin und her!"

Keine von diesen Bemerkungen war eigentlich böse gemeint.

Wir versuchten nur komisch zu sein. Und es gab an diesen Abenden nach dem Dressurreiten viel fröhliches Gelächter im Klubraum.

Doch bald sollte uns das Lachen vergehen.

Was ist mit Charlie los?

Am Freitag hatten wir schulfrei. Den Vormittag verbrachten wir damit, weitere Hindernisse aufzubauen. Mittags kam eine Fuhre Futter, und wir mußten helfen, sie in die Scheune zu schaffen. Außerdem sollten wir uns um unsere Pferde kümmern. Deshalb beschlossen wir, daß ich die Boxen ausmiste, während die anderen das Heu und die Futtersäcke ausluden.

Ich versorgte Melissa, Munter, Star Dust, Figaro, Filur und Primus und machte mich dann auf den Weg zu Charlie, der in der letzten Box untergebracht ist. Lena ruft immer seinen Namen, wenn sie in den Stall kommt, und Charlie antwortet mit einem frohen Wiehern. Als Belohnung bekommt er jedesmal einen kleinen Leckerbissen. Lena hatte mir eine Mohrrübe zugesteckt, die ich ihm geben sollte; also rief ich nach Charlie, aber er antwortete nicht.

Wieder rief ich seinen Namen und wartete darauf, ihn wiehern zu hören, doch nichts erfolgte. Ich sah Charlie auch nicht.

Als ich zur Box kam, merkte ich, daß er auf dem Boden lag.

„He, du Faulpelz, aufgestanden!“ sagte ich und ging zu ihm hinein.

Charlie rührte sich nicht.

Ich bückte mich und streichelte seinen Kopf. Da sah ich, daß seine Augen wie Glas glänzten. Ich strich mit der Hand über sein Schulterblatt und spürte, wie heiß und schweißbedeckt er war.

Was war mit ihm los?

Gerade als ich mich neben Charlie setzen wollte, stieß er ein Stöhnen aus und versuchte, sich auf die andere Seite zu wälzen. Dabei bewegte er die Beine so heftig, daß ich rasch aus der Box springen mußte, um nicht getreten zu werden. Er schaffte es nicht, sich umzudrehen, sondern rollte wieder in die alte Lage zurück.

Sekundenlang stand ich verwirrt da; dann kam ich plötzlich zur Besinnung und raste aus dem Stall.

„Lena, Lena!“ rief ich. „Komm schnell, Charlie ist krank!“

Sofort ließ jeder alles liegen und stehen, und gemeinsam rannten wir zum Stall zurück. Dann aber gingen wir auf Zehenspitzen die Stallgasse entlang, um Charlie nicht zu erschrecken. Ich wurde richtig traurig, als ich ihn da liegen sah und hörte, wie er vor Schmerzen stöhnte. Er blickte uns mit seinen großen, glänzenden Augen starr an. Es war, als versuchte er uns um Hilfe zu bitten, wußte jedoch nicht, wie er das anstellen sollte. Ich hatte einen großen Kloß in der Kehle und hätte am liebsten geweint.

14 7756-16

Doch ich beherrschte mich, ging zu Lena, die wie gelähmt dastand, nahm ihre Hand und flüsterte: „Es ist bestimmt nichts Gefährliches."

Allerdings zitterte meine Stimme so, daß die Worte wohl nicht sehr tröstend klangen. Lena wandte langsam den Kopf und sah mich schweigend an. Die Tränen liefen ihr über die Wangen.

Elisabeth, die immer vernünftig ist und mit beiden Beinen auf der Erde steht, faßte sich natürlich als erste. Sie ging mit festen Schritten in die Box, kniete nieder, beugte sich über Charlie und legte ein Ohr an seinen Leib.

„Vorsicht, er könnte ausschlagen!" warnte ich.

„Was machst du da, Elisabeth?" fragte Lena mit tränenerstickter Stimme.

„Es sieht so aus, als hätte Charlie eine Kolik. Und so was läßt sich am besten feststellen, indem man auf die Magengeräusche horcht."

„Was hört man denn da?" fragte ich.

„Eigentlich nichts", erwiderte Elisabeth. „Wenn ein Tier nämlich Kolik hat, dann arbeitet der Magen nicht mehr und macht deshalb auch keine Geräusche."

„Hörst du etwas?" forschte Karin.

„Überhaupt nichts."

Lena ging nun ebenfalls zu Charlie. Sie kniete nieder, streichelte seinen Kopf, flüsterte ihm ein paar tröstende Worte zu und beugte sich über seinen Magen, um zu lauschen. Wir anderen standen mäuschenstill da.

„Macht sein Magen ein Geräusch?" fragte ich.

Lena schüttelte den Kopf.

„Das ist bestimmt eine Kolik", sagte Elisabeth.

„Was tut man in so einem Fall?" murmelte Lena.

„Manchmal hilft ein ganz einfaches Mittel: Man geht aus dem Stall und führt das Pferd eine Zeitlang hin und her. Am besten steigt man steile Hügel hinauf und hinunter, damit die Verdauung wieder in Gang kommt", erwiderte Elisabeth. „Aber ich glaube, es ist am besten, wenn jemand Herrn Erik holt, damit er sich Charlie ansieht, ehe Lena etwas unternimmt."

Ingrid flitzte zu Herrn Erik, der bald darauf in den Stall kam. Auch er war wie Elisabeth der Meinung, daß es sich vermutlich um eine Kolik handelte. Also führte Lena ihr Pferd ins Freie. Charlie ging nur widerwillig mit und wirkte sehr müde; deshalb mußte sie ihn immer wieder in den Stall bringen und ihn ausruhen lassen. Sobald er dann in seiner Box war, legte er sich stöhnend auf den Boden und versuchte, sich zu wälzen.

Dreimal ging Lena mit Charlie auf die Koppel, doch sein Zustand schien sich nicht zu bessern. Schließlich meinte Herr Erik, daß es ratsamer wäre, den Tierarzt zu holen. Er selbst rief ihn an und sagte uns kurz darauf, daß der Doktor bald vorbeikommen würde. Momentan sei er aber unterwegs zu einer anderen Behandlung.

„Ist Kolik ansteckend?" fragte Ingrid ängstlich.

„Nein, überhaupt nicht", versicherte Herr Erik beruhigend. Das war wenigstens ein Trost bei all dem Elend.

Lena blieb bei Charlie, während wir anderen eine halbe Stunde lang unsere Pferde bewegten. Wir taten es in trübseliger Stimmung, denn wir mußten die ganze Zeit an Lena und Charlie denken.

Als ich Melissa absattelte, überfiel mich die Angst, daß auch sie krank werden könnte. Ich drückte den Kopf gegen ihren Hals, umarmte sie fest und schluchzte: „Du darfst nicht krank werden, das mußt du mir versprechen!"

Melissa blieb ruhig stehen und ließ mich weinen; dann wandte sie den Kopf und sah mich mit ihren großen, sanften Augen ernst an.

Wir ließen Charlie keine Sekunde lang allein. Abwechselnd saßen wir vor der Box und warteten auf den Tierarzt. Charlies Schmerzen schienen stärker zu werden.

Die Minuten vergingen und wurden zu Stunden.

Doch der Arzt kam nicht.

Der Festtag wird noch einmal verschoben

Ich kenne nichts Hilfloseres als ein krankes Tier. Es ist furchtbar, miterleben zu müssen, wie ein Pferd stöhnt, mit den Füßen ausschlägt und sich vor Schmerz windet. Man fühlt sich so schrecklich klein und machtlos.

Und Charlies Zustand verschlechterte sich.

Er war sehr unruhig und blieb kaum einen Augenblick still in seiner Box liegen. Immer wieder versuchte er sich umzudrehen. Lena war vor Angst ganz weiß im Gesicht.

„Können wir denn gar nichts tun, bis der Tierarzt kommt?“ fragte sie.

Wir versuchten, sie ein bißchen abzulenken, indem wir über alles mögliche sprachen. Doch besonders erfolgreich waren wir nicht, denn so sehr wir uns auch bemühten, wir kamen irgendwie immer auf Pferde und Krankheiten zu sprechen. Wir konnten einfach an nichts anderes denken.

Uns allen war schrecklich elend zumute, und als der Tierarzt endlich kam, fielen wir ihm fast um den Hals. Doch wir gaben uns Mühe, ruhig zu erscheinen, und verhielten uns ganz still, während er Charlie untersuchte.

„Eine Kolik“, sagte er, als er wieder aufstand. „Ihr braucht keine Angst zu haben. Koliken vergehen für gewöhnlich ziemlich rasch von selbst. Aber ich gebe eurem Charlie trotzdem etwas Medizin.“

Er wühlte in seiner Tasche und zog ein Gummiröhrchen heraus, das er Charlie in die Nase steckte. Dann füllte er eine wasserhelle, sirupartige Flüssigkeit in das Röhrchen.

„Das ist Milchsäure“, sagte er. „Die hilft in solchen Fällen. Ich schreibe euch ein Rezept aus, dann kann eine von euch morgen zur Apotheke gehen. Ihr verrührt sie mit Wasser und gebt sie Charlie, falls er noch einen schweren Anfall bekommt. Merkt euch, daß ihr zwölf Gramm Milchsäure mit einem halben Liter Wasser vermischen müßt.“

Außerdem riet uns der Tierarzt noch, den Rest Hafer wegzunehmen, der in der Futterkrippe lag, und Charlie kein frisches Futter zu geben, ehe er wieder gesund war.

„Aus welchem Grund hat er eigentlich eine Kolik bekommen?“ fragte Lena.

„Das kann am Futter liegen“, erklärte der Tierarzt. „Vielleicht hat er eine zu große Menge Hafer gefressen? Oder habt ihr ihm zuviel von irgend etwas anderem gegeben, das er sonst nicht bekommt?“

„Nein“, sagten wir. Da erinnerte sich Lena plötzlich, daß einer der Heuballen am Vortag etwas feucht gewesen war.

„Das kann die Kolik hervorgerufen haben“, meinte der Arzt. „In Zukunft müßt ihr mit solchen Dingen sehr aufpassen.“

„Wie soll ich Charlie während der nächsten Tage behandeln?“ wollte Lena wissen.

„Du mußt ein paar Tage lang seine Temperatur kontrollieren, und außerdem muß Charlie eine Decke tragen“, erwiderte der Tierarzt. „Wenn's hier eine größere Box gibt, die frei ist, solltest du ihn dorthin bringen, damit er sich richtig wälzen kann.“

Eine freie Box gab es nicht, doch ich bot Lena an, ihr Melissas Box zur Verfügung zu stellen, die fast einen Meter breiter ist als die von Charlie.

Noch im Beisein des Tierarztes wechselten die beiden Pferde ihre Boxen. Der Doktor sah sich Charlie noch ein letztes Mal an, streichelte ihn und lächelte Lena dann aufmunternd zu.

„Du brauchst dir wirklich keine Sorgen mehr zu machen", sagte er.

Lena nickte erleichtert. „Wir wollten nächste Woche einen Klubwettkampf im Springreiten veranstalten", sagte sie. „Kann Charlie dabei mitmachen?"

„Er ist bis dahin zwar wohl wieder gesund, aber du solltest vorsichtig sein. Nach einer solchen Krankheit ist ein Pferd nämlich immer eine Zeitlang ziemlich müde und matt. Ihr könntet euren Wettbewerb ja um eine Woche verschieben."

„Freilich können wir das", erwiderten wir im Chor.

„Na gut", sagte der Tierarzt und machte seine Tasche zu.

Er schrieb eine Rechnung über dreißig Mark aus, verabschiedete sich und ging. Wir blieben im Stall zurück und fühlten uns wie Luftballons, denen man die Luft ausgelassen hat.

„Tja", seufzte Elisabeth schließlich, „dann haben wir also noch eine Woche Zeit, um uns auf das Fest vorzubereiten."

„Ihr könnt das Springturnier doch ohne Charlie und mich abhalten", sagte Lena leise.

„Kommt nicht in Frage!" riefen wir. „Wir halten zusammen!"

Damit war das seltsame Gefühl von Untätigkeit und Niedergeschlagenheit überwunden, das auf uns gelastet hatte, seit es Charlie so schlecht ging. Plötzlich brachen wir in Gelächter und fröhlichen Lärm aus und versicherten uns gegenseitig, wie glücklich wir waren, daß Lenas Pony nicht ernsthaft krank war. Bald würde Charlie wieder gesund sein. Und es war ja absolut keine Katastrophe, wenn wir unseren Festtag noch einmal um eine Woche verschoben.

Alles schien wieder beim alten zu sein. Wir glaubten, nun alle Hindernisse überwunden zu haben. Von jetzt an würde bestimmt alles glattgehen.

Wir ahnten nicht, daß die Aufregungen noch lange nicht vorüber waren.

Ein Schatz in der Scheune?

Samstag mittag nach der Schule versammelten wir uns alle im Ponyklub. Charlie ging es etwas besser, doch er hatte noch immer leichtes Fieber. Lena fuhr mit dem Rad zur Apotheke, um Milchsäure zu kaufen, und wir anderen kümmerten uns währenddessen um unsere eigenen Ponys.

Melissa schien höchst ärgerlich darüber zu sein, daß sie die Nacht in einer fremden Box hatte zubringen müssen. Ich flüsterte ihr ins Ohr, wie brav es von ihr sei, daß sie Charlie ihren Platz überließ, doch das schien sie nicht aufzuheitern. Sie war in ihrer verdrießlichsten Laune, und da gibt es auf der ganzen Welt kein mürrischeres Pferd als Melissa.

Als Lena ihren Charlie versorgt hatte, konnten wir an unserer Springbahn weiterarbeiten. Wir gruben wieder Steine aus, füllten Mulden auf, ebneten den Boden hier und dort mit Sand und begannen einen Pfad anzulegen, über den wir am Festtag die Pferde mit den Kindern führen konnten.

Der Nachmittag verging rasch. Viel zu rasch eigentlich – zum Reiten kamen wir erst, als die Abenddämmerung schon hereinbrach. Am nächsten Tag, einem Sonntag, trugen wir mehrere Bretter zur Weide, die Herr Erik uns geliehen hatte, und rollten große Steinbrocken herbei. Auf diese Steine legten wir die Bretter, und die Zuschauerbänke waren fertig.

„Was meint ihr, wie viele Leute kommen?" fragte Anita.

„Oh, mindestens hundert!" sagte ich.

„Hundert? Nie im Leben!" rief Karin. „Wir müssen froh sein, wenn wir fünfzig Zuschauer haben."

„Das kommt ganz darauf an, wie gut die Reklame ist, die wir für unseren Festtag machen", meinte Marianne.

„Wir brauchen große Plakate und Anschlagzettel", sagte ich. „Jeder Bewohner von Aspen muß wissen, daß in der Reitschule in zwei Wochen ein Fest stattfindet."

„Wann sollen wir damit anfangen, die Plakate zu malen?" fragte Lena.

„Auf der Stelle", schlug ich vor.

„Wir können doch nicht schon jetzt Plakate aufhängen", sagte Elisabeth. „Wenn's morgen wieder zu regnen anfängt, weicht das Papier auf, und die Ankündigungen sind schon eine Woche vor dem Fest zerrissen. Außerdem wissen wir ja noch nicht einmal mit Sicherheit, ob wir es wirklich in vierzehn Tagen schaffen."

„Sei doch nicht so schwarzseherisch!" erwiderte Anita. „Was soll denn jetzt noch dazwischenkommen? Charlie ist in ein paar Tagen wieder gesund."

„Wir könnten ja schon im voraus anfangen, die Plakate und Anschlagzettel zu schreiben, sie aber erst nächste Woche aufhängen", meinte Karin.

Lena nickte. „Ja, warum nicht? Ich radle schnell heim und hole Farbstifte und Papier."

„Gut", sagte Elisabeth. „Dann bilden wir am besten zwei Arbeitsgruppen: Ein paar von uns malen die Plakate, die anderen fangen an, in der alten Scheune sauberzumachen. Wer kann gut Druckschrift schreiben?"

Nach kurzem Hin und Her einigten wir uns darauf, daß Lena, Ingrid und Karin die Werbung übernehmen sollten. Folglich übernahmen Anita, Marianne, Elisabeth und ich den Putzdienst.

Wir beschlossen, sowohl Datum als auch Uhrzeit auf den Plakaten anzukündigen. Die Veranstaltung sollte zwischen zehn Uhr vormittags und fünf Uhr nachmittags stattfinden. Lena, Ingrid und Karin wollten jedoch ausreichend Platz auf dem Papier lassen, damit wir im Falle eines Falles das alte Datum übermalen und ein neues einsetzen konnten.

So trennten wir uns. Wir vier Putzfrauen ergriffen Bürsten, Scheuerlappen, Besen und zwei Eimer voll Wasser und gingen zur Scheune. Die Fenster des alten Gebäudes ließen sich nicht öffnen; außerdem sah man kaum durch die Scheiben, so verschmutzt waren sie. Ich wischte und rieb, bis mir die Arme weh taten.

Elisabeth und Marianne schrubbten inzwischen die Wände. Besonders die Ecken waren voll von Spinnweben, Staub und alten Strohhalmen. Anita saß auf dem Boden und scheuerte die Tür mit Kernseife.

Schließlich waren wir soweit, daß wir die Bodenbretter mit vereinten Kräften in Angriff nehmen konnten. Wir gossen Wasser darüber und begannen zu schrubben. Das Holz war unglaublich schmutzig.

„Hier scheint seit Hunderten von Jahren keiner mehr saubergemacht zu haben“, keuchte Marianne.

Wir gingen zum geschlossenen Kampf gegen ein besonders verschmutztes Brett über und scheuerten mit unseren Bürsten darauf herum, so fest wir konnten. Richtig fest – zu fest sogar! Denn plötzlich krachte es, und das Brett zersplitterte! Ehe wir uns versahen, starrte uns ein großes Loch im Boden entgegen.

Wir starrten zurück. Als wir uns von der Überraschung erholt hatten, brachen wir in Gekicher aus.

„Das ist wirklich komisch“, prustete Marianne. „Jedesmal geht etwas schief, wenn wir versuchen, Ordnung zu machen.“

„Trotzdem war's gut, daß es jetzt passiert ist", erwiderte ich. „Stellt euch vor, wenn beispielsweise eine alte Frau zu unserem Festtag gekommen wäre und sich hier womöglich ein Bein gebrochen hätte. Dann hätten wir vielleicht sogar für den Schaden aufkommen müssen."

„Das heißt also, wir hatten Glück im Unglück."

„Wir müssen ein neues Brett über das Loch legen", sagte Elisabeth.

„Glaubst du, daß Herr Erik uns eines geben kann?"

„Wir gehen wohl am besten gleich zu ihm und fragen", sagte ich.

Auf dem Weg zu Herrn Erik machten wir beim Klubraum halt und berichteten, daß wir vor lauter Arbeitseifer ein Loch in den Scheunenboden gescheuert hätten. Dabei sahen wir uns die ersten Plakate an. Lena und Karin hatten die Buchstaben kunstvoll verziert, und Ingrid zeichnete wunderhübsche Ponys und Ornamente in die Ecken der Plakate.

Wir fanden Herrn Erik in seiner Garage. Er wunderte sich nicht über unsere Mitteilung, sondern sagte nur: „Der Boden müßte schon seit Jahren repariert werden. Natürlich gebe ich euch ein Brett mit, aber nagelt es nicht fest, sondern legt es nur über das Loch. Sobald ich in den nächsten Tagen etwas Zeit finde, kümmere ich mich selbst darum."

„Vielen Dank, das ist nett."

Etwas später, als wir das Brett gerade über die schadhafte Stelle legen wollten, rief Anita: „Halt, wartet ein bißchen!"

„Warum denn?"

„Wer weiß, vielleicht liegt irgend etwas Aufregendes unter den Dielen!"

„Etwas Aufregendes? Wie meinst du das?"

„Na ja, mir ist gerade eingefallen, daß es vielleicht seinen Grund hat, weshalb der Boden gerade hier durchgebrochen ist. Möglicherweise hat jemand irgendwann einmal etwas in der Scheune versteckt", flüsterte Anita geheimnisvoll.

„Was versteckt?"

„Etwas Wertvolles natürlich!" Anita sah uns triumphierend an. „Man liest doch oft in Zeitungen, daß ein Bauer irgendwo seine Wertsachen vergräbt. Wie oft sind schon märchenhafte Sachen gefunden worden, wenn man alte Gebäude renoviert oder abgerissen hat."

Anita hatte natürlich recht.

Ich glaubte zwar keinen Augenblick daran, daß unter dem Boden dieser Scheune etwas Kostbares verborgen sein könnte, doch wenn es um Schatzverstecke geht, kann man ja nie ganz sicher sein.

„Was meinst du eigentlich mit ‚etwas Wertvolles'?" fragte Elisabeth nach einer Pause.

„Oh, alte Münzen, silberne Becher, Medaillen und Perlen", erwiderte Anita eifrig. „Oder einen goldenen Schrein."

Das klang wirklich sehr unwahrscheinlich. Ich hatte den Verdacht, daß Anita sich über uns lustig machte, doch als ich sie ansah, merkte ich, daß sie es ganz ernst meinte.

„Und warum soll ausgerechnet hier so etwas versteckt liegen?" forschte Marianne.

„Die Scheune ist vermutlich mehrere hundert Jahre alt, und als sie gebaut wurde, war vielleicht gerade Krieg. Damals haben die Leute ja ihre Wertsachen vergraben, ehe die Soldaten alles raubten und in Brand steckten, was ihnen in den Weg kam. Das haben wir sogar in der Schule durchgenommen."

„Falls da wirklich ein Schatz ist", sagte ich und deutete auf das Loch, „wem gehört er dann?"

„Uns natürlich", erwiderte Anita bestimmt. „Wir haben ihn schließlich gefunden – wenn einer da ist."

„Ich weiß nicht", sagte Elisabeth. „Ich glaube, er würde

dem Eigentümer der Scheune gehören, und das ist in diesem Fall Herr Erik."

„Wenn es ein wertvoller, sehr alter Schatz ist, gehört er dem Staat", wandte Marianne ein. „Wir haben das in Gemeinschaftskunde gelernt."

„Der Schatz kann ja unser Geheimnis bleiben", sagte Anita mit leiser Stimme. „Wir erzählen niemandem ein Wort davon – ausgenommen Ingrid, Lena und Karin natürlich."

„Sollen wir noch ein Brett aufbrechen?" fragte Marianne.

„Das Loch hier reicht schon", erwiderte Anita. „Eine von uns legt sich auf den Boden, streckt den Arm unter die Dielen und tastet alles vorsichtig ab."

„Aber dabei sieht man doch nichts", gab Marianne zu bedenken.

„Es reicht, daß man etwas spürt", sagte ich. „Also, fangen wir endlich damit an. Wir haben lange genug über den Schatz geredet – jetzt will ich ihn sehen!"

Anita hält alle in Spannung

„Wer soll nachschauen?" fragte Anita.

„Du natürlich", sagten wir. „Schließlich war's deine Idee."

Sie legte sich also flach auf den Boden und steckte den rechten Arm in das Loch. Wir sahen erwartungsvoll zu.

Und, wenn sie wirklich etwas fand?

Ich hatte vor Spannung eine Gänsehaut.

Anita stöhnte leise, und ihr Arm verschwand bis zur Schulter unter den Dielenbrettern.

„Spürst du etwas?" wisperte Marianne.

„Nur lockere Erde", erwiderte Anita langsam. Dann stieß sie einen Jubelruf aus und sagte eifrig: „Da ist etwas!"

„Was denn, was denn? Eine Kassette?"
„Ein Ring?"
„Nein, es ist flach und nicht besonders groß", erwiderte Anita.
„Eine Münze?" fragte Elisabeth.
„Ich weiß nicht", zischte Anita mit zusammengebissenen Zähnen.
„Sitzt es fest?"
„Jetzt hab ich es in der Hand."
„Mach schnell!"
Wir konnten vor Aufregung kaum mehr stillstehen. Langsam und vorsichtig zog Anita den Arm aus dem Loch und streckte uns ihre lehmverschmierte Hand entgegen. Sie hielt einen erdverkrusteten, runden Gegenstand in der Hand, der furchtbar alt aussah.
„Was kann das sein?" fragte ich.
„Ist's schwer?"
„Nein, ziemlich leicht."
„Wir müssen den Schmutz abmachen", sagte Marianne.
„Es glänzt beinahe", bemerkte Elisabeth und nahm den Fund vorsichtig entgegen. „Seht ihr's? Unter der Schicht aus Erde und Lehm schimmert es rot!"
„Kann das Gold sein?" fragte ich.
„Gold ist golden", erklärte Marianne nachdenklich.
„Vielleicht ist's irgendein Edelstein", meinte Anita. Sie zog ihr Taschentuch heraus und reichte es Elisabeth: „Damit kannst du es saubermachen – aber paß auf!"
Elisabeth nickte und begann die Erde und den Lehm behutsam mit dem Tuch abzuwischen. Der Gegenstand wurde kleiner und kleiner – und schließlich war er völlig frei von Schmutz.
Da sahen wir, was es war: ein Stück Ziegelstein.
Ich wußte nicht, ob ich lachen oder weinen sollte.

Sekundenlang überlegten wir alle vier, ob wir böse oder belustigt waren. Gespannt beobachteten wir uns gegenseitig. Jede machte ein tiefernstes Gesicht.

Doch dann konnte ich mich nicht länger halten – ich brach in unbändiges Gekicher aus! Und natürlich steckte ich die anderen damit an.

„Ich mit meinem Traum von Gold und Edelsteinen!" prustete Marianne. „Ich hab mich schon in tollen Reithosen und mit einem Stall voll edler Pferde gesehen! Dabei ist der Schatz nur ein Ziegelstein!"

„Ich dachte, ich könnte nach Wien fahren und mir die Spanische Hofreitschule ansehen", kicherte Elisabeth.

„Ich hätte mir gern ein eigenes Pferd gekauft – oder auch zwei", seufzte Anita. Dann wurde ihre Miene plötzlich sehr nachdenklich. Sie sah auf das Loch im Boden und brummte etwas vor sich hin.

„Was ist jetzt wieder los?" fragten wir.

„Wer weiß", sagte sie, „ob dieses Stück Ziegelstein nicht zu einer Art Schatzgehäuse gehört. Es könnte doch sein, daß jemand ein Versteck aus Ziegelsteinen gebaut hat, in das er seine Wertsachen legte, oder?"

„Du meinst also, dort unten ist vielleicht doch mehr zu finden?" fragte ich. „Mehr Ziegelsteine?"

„Unter den Ziegelsteinen verbirgt sich möglicherweise etwas anderes!"

Das klang sehr geheimnisvoll, fast unheimlich. Ich stellte mir ein Skelett vor, das mit Ziegelsteinen zugedeckt war.

Wieder legte sich Anita auf den Boden und faßte mit der rechten Hand ins Loch. Wir warteten.

Ich war entsetzlich aufgeregt und dachte zugleich an ein Totengerippe und an Diamanten.

„Spürst du etwas?" fragte Marianne.

Anita gab keine Antwort.

Ich wagte kaum hinzusehen, war jedoch so neugierig, daß ich durch halbgeschlossene Lider auf sie hinunterspähte. Die Zeit schien stillzustehen.

„Ist da etwas?“ fragte Elisabeth mit einem leichten Zittern in der Stimme.

Anita nickte. „Ja, aber ich weiß nicht, was es ist.“

„Ziegelsteinstücke?“ schlug Marianne vor.

„Nein, es ist weich – wie lockere Erde.“

„Ist's Erde?“

„Wartet mal!“ sagte Anita eifrig. „Es ist etwas, was zwischen meinen Fingern knistert.“

„Was denn?“

„Ach es waren nur alte Blätter“, seufzte Anita.

„Sonst nichts?“

Anita zischte: „Seid mal still, ihr macht mich ganz nervös!“ Sie drehte sich etwas zur Seite. Wir warteten ungeduldig. Eine Minute verging. Zwei, drei . . .

„Also, was ist jetzt?“ drängte Marianne.

Anitas Gesicht wirkte angespannt. Ich kam mir wie in einem Abenteuerfilm vor. Schließlich sagte Elisabeth: „Ach, hör auf, da ist doch nichts zu finden.“

Anita machte eine ungeduldige Kopfbewegung.

„Hier liegt etwas Weiches“, flüsterte sie zögernd.

Ich hielt es vor Spannung kaum mehr aus. In der Scheune war es mäuschenstill. Plötzlich bewegte sich Anita und sagte mit leiser Stimme: „Ich habe etwas Merkwürdiges in der Hand!“

Langsam zog sie den rechten Arm aus dem Loch – Zentimeter für Zentimeter. Wir beugten uns vor. Und plötzlich, als hätte jemand ihr in die Hand gebissen, sprang sie auf und schrie: „Iiiiihhhhh! Oooooohhhh!“

Dabei hob sie die Hand und ließ voller Abscheu etwas fallen.

Ein geheimnisvoller Klumpen glitt fast lautlos auf den Boden.

Wir schauten Anita verwirrt an. Dann wandten wir den Blick von ihrem verzerrten Gesicht und sahen, wovor sie sich so geekelt hatte.

Es war ein kleiner, graugrüner Klumpen.

Anitas vermeintlicher Schatz entpuppte sich als Frosch

Ich starrte darauf. Er war nicht groß, doch er schien sich zu bewegen ... Sekunden später begriff ich, was es war.

Es war ein Frosch!

Unsere Hochstimmung bekommt wieder einen Dämpfer

Der Montag ist ein langer und eintöniger Schultag. Die Unterrichtsstunden ziehen sich endlos hin. Manchmal kommt es mir vor, als würde die Zeit stillstehen. Wieder einmal konnte ich es kaum erwarten, bis die beiden letzten

Stunden vorüber waren. Wir hatten Mathematik, und das ist das langweiligste, was ich mir vorstellen kann. Ich war heilfroh, als wir endlich nach Hause gehen durften.

„Wir essen schnell und treffen uns dann im Klubraum", sagte Elisabeth.

Ich nickte und sah zum Himmel auf. Er war mit grauen Wolken bedeckt. Die Luft war kalt.

„Machen wir heute einen Ausritt?" fragte ich.

„Nein, ich glaube nicht. Vielleicht regnet's bald. Sicher ist es am besten, wenn wir in der Reithalle bleiben, oder was meint ihr?" sagte Ingrid.

„Wir bleiben in der Reithalle", erwiderten Elisabeth und ich gleichzeitig.

„Also gut, dann bis in ungefähr einer Stunde. Tschüs!"

Zu Hause gab es Spaghetti mit Fleischsoße. Das schmeckt immer gut und ist rasch gegessen.

„Schlinge dein Essen nicht so hinunter", mahnte meine Mutter. „Du mußt ordentlich kauen."

„Ich hab's eilig. Muß in den Reitstall."

„Hast du keine Schularbeiten?"

„Nein."

„Wirklich nicht?"

„Von Montag auf Dienstag haben wir nie etwas auf."

„Ich finde, daß ihr in letzter Zeit überhaupt unheimlich wenig Hausaufgaben zu machen habt. Wie geht's eigentlich in der Schule?"

„Ganz gut, glaube ich."

„Glaubst du? Du weißt es also nicht?"

„Doch, doch, es geht recht gut. Ich schaff's schon. Jetzt muß ich los", sagte ich hastig und trank meine Milch aus. Mama schüttelte besorgt den Kopf und murmelte, daß ich nichts als Pferde im Sinn hätte. Ich nickte ihr zu und lächelte, während ich in meine Reithosen schlüpfte.

Alle anderen waren bereits versammelt, als ich im Stall eintraf.

„Wie geht's Charlie?" fragte ich Lena.

„Besser, zum Glück. Er ist jetzt fast fieberfrei."

„Glaubst du, daß wir ihn wieder in seine eigene Box bringen können?"

„Ja, natürlich."

Wir ließen unsere Pferde also wieder die Boxen tauschen. Melissa schien sehr zufrieden darüber, daß sie wieder an ihrem alten Platz stand. Sie stieß ein freudiges Wiehern aus. Sogar Charlie sah fröhlicher aus.

„Vielen Dank, daß du mir deine Box geliehen hast", sagte Lena. „Das war wirklich nett von dir."

„Nichts zu danken", erwiderte ich. „Ist doch selbstverständlich, daß wir uns gegenseitig helfen." Und wir lächelten uns an.

In der Reithalle fand gerade ein Anfängerkurs statt; so mußten wir über eine Stunde warten, bis wir dort reiten konnten. Währenddessen brachten wir unseren Klubraum in Ordnung und putzten unsere Ausrüstung. Dann misteten wir im Stall aus, striegelten unsere Pferde und überprüften ihre Hufe.

Da Lena Charlie noch nicht anstrengen wollte, schlug sie vor, uns bei einer kurzen Dressurübung zu beobachten. Wir waren damit einverstanden.

Es ist immer gut, während des Dressurreitens von jemandem beobachtet und korrigiert zu werden, da man selbst seine Fehler nicht immer erkennt.

Lena hatte Augen wie ein Luchs. Sie macht uns unumwunden und ohne falsches Zartgefühl auf unsere Schnitzer aufmerksam.

„Laßt eure Pferde nicht wie Kühe dahintrotten, Ingrid und Karin!" rief sie.

„Vergiß nicht, mit den Schenkeln zu arbeiten, Elisabeth!"
„Marianne, schläfst du?"
„Versucht, aufrecht im Sattel zu sitzen, nicht wie alte Kartoffelsäcke. Das gilt vor allem für Anita und Kiki!"
„Ganze Parade zum Halt! Nicht am Zügel zerren! Mehr das Kreuz anspannen. Wir versuchen's noch mal."
Es ist ziemlich anstrengend, Dressur zu reiten – anstrengender, als es aussieht. Man muß sich die ganze Zeit über konzentrieren. Hinterher ist man ziemlich müde, aber zufrieden; sogar, wenn man ein paarmal harte Kritik einstecken mußte.
Am Dienstagnachmittag unternahmen wir einen kurzen Geländeritt und arbeiteten einige Zeit an unserer Springbahn. Einen Tag drauf nagelte Herr Erik das lose Brett in der Scheune fest. Er machte auch einen Riegel an die Tür.
„Alle Achtung, da habt ihr gute Arbeit geleistet", sagte er. „Schade, daß wir weder Stromanschluß noch einen Ofen in der Scheune haben, sonst wäre sie ein prima Klubhaus für euch."
„Könnte man keine elektrische Leitung in die Scheune legen?" fragten wir.
„Das ist leider viel zu teuer", erwiderte Herr Erik, nahm seinen Werkzeugkasten und ging.
„Eigentlich ist es hier in der Scheune sehr gemütlich", bemerkte Anita. „Wie wär's, wenn wir probeweise für ein paar Monate hierher ziehen würden?"
„Habt ihr Lust, euch Arme und Beine abzufrieren?" sagte Elisabeth, die vernünftigste von uns.
„Wieviel würde es wohl kosten, eine elektrische Leitung in die Scheune zu legen?" fragte ich.
„Bestimmt ein Vermögen", versicherte Lena. „Und dann kriegt man ein paarmal im Jahr Stromrechnungen. Mein Vater schimpft immer, weil der Strom so teuer ist."

„Dann schlagen wir uns die Idee aus dem Kopf", erklärte Elisabeth. „Wir können die Scheune einfach nicht als Klubhaus haben, punktum!"

„Ausrufezeichen", fügte Anita lachend hinzu.

Ich sah auf die Armbanduhr und sagte: „Ich glaube, ich muß jetzt schleunigst heimfahren."

„Wir auch", erwiderten die anderen.

„Also, tschüs dann. Bis morgen in der Schule!"

Dann kam der Donnerstag – ein Tag, den wir nicht so schnell vergessen sollten. Er begann recht erfreulich. Die Schulstunden vergingen rasch.

Als wir uns im Stall versammelten, waren wir alle fröhlich und voller Arbeitseifer. Lena stellte zufrieden fest, daß Charlie nun wieder ganz gesund war. Nach einem kurzen Spazierritt durch den Wald jenseits der Landstraße beschlossen wir, ein zusätzliches Hindernis auf unserer Springbahn aufzubauen. Also schleppten wir anschließend die Einzelteile zur Weide.

„Dieses Hindernis ist leicht aufzustellen", sagte ich.

„Nächste Woche können wir endlich unser Fest abhalten", bemerkte Anita froh.

„Dann ist's am besten, wenn wir die Plakate übers Wochenende aufhängen", sagte Karin. „Was meint ihr?"

„Ja, keine schlechte Idee."

Wir waren in bester Laune, lachten und wußten vor Übermut kaum, was wir anstellen sollten. Doch als wir an der alten Scheune vorüberkamen und den Zaun erreichten, bekam unsere Hochstimmung einen gewaltigen Dämpfer.

Beim Anblick der Springbahn traf uns beinahe der Schlag. Alle Hindernisse waren niedergerissen!

Spukt es auf der Weide?

Es war, als hätte jemand eimerweise kaltes Wasser über uns gegossen. Wir standen wie zu Salzsäuren erstarrt da und trauten unseren Augen nicht.

„Das kann nicht wahr sein", murmelte Elisabeth. „Das ist ein Alptraum!"

Doch es war kein Alptraum. Die Hindernisse waren wirklich niedergerissen. Die Balken und Tonnen waren quer über die Weide verstreut, die Pfosten umgestürzt.

„Wer mag das gewesen sein?" stöhnte ich.

„Wie kann jemand so was Verrücktes tun?" zischte Anita.

„Verhauen müßte man den Kerl!" sagte Ingrid drohend.

„Aber wer hat's getan?"

„Keine Ahnung."

„Wir suchen nach Spuren", sagte Lena. „Wenn wir Fußabdrücke finden, brauchen wir ihnen nur nachzugehen, und schon haben wir den oder die Täter."

„Ich würde ihm gern ein paar Kinnhaken versetzen!" rief Anita.

„Vergiß nicht, wie klein du bist", sagte ich.

„Aber stark bin ich trotzdem." Anita ballte die Fäuste.

Vorsichtig gingen wir über die Weide und untersuchten den Boden genau, ob irgendwo der Abdruck von Schuhen, Stiefeln, Fahrrad- oder Mopedreifen zu sehen war. Doch da die Erde ziemlich hart und fest war, fanden wir nirgends eine Spur.

Elisabeth sagte seufzend: „Es hat keinen Sinn. So kommen wir nicht weiter."

„Und was tun wir jetzt?"

„Weiß ich nicht.“

„Vielleicht hat der Wind die Hindernisse umgeweht“, meinte Marianne schließlich.

„Dazu hätte heute nacht schon ein Orkan wüten müssen“, erwiderte Karin.

„Könnte es sein, daß sie von selbst eingestürzt sind?“

„Unmöglich!“

„Vielleicht waren's die gleichen Leute, die das Autowrack hier abgestellt haben?“

„Warum hätten sie plötzlich herkommen und unsere Hindernisse niederreißen sollen?“

„Hm, keine Ahnung.“

„Die Pferde können's auch nicht gewesen sein.“

Die ganze Sache kam uns äußerst seltsam und geheimnisvoll vor, und wir fanden einfach keine Erklärung dafür.

„Wir bauen die Hindernisse wieder auf“, sagte ich nach einer Weile.

Es dauerte ziemlich lange, bis wir alles in Ordnung gebracht hatten. Gegen Abend sah die Bahn wieder wie am Vortag aus. Dann gingen wir in unseren Klubraum, setzten uns und überlegten, wer uns diesen Streich gespielt haben könnte. Doch wir kamen zu keinem Ergebnis. Zwar haben einige der Jungen, die wir kennen, manchmal etwas alberne Ansichten über Mädchen und Pferde, doch keiner von ihnen könnte so gemein sein, sich derart zu benehmen.

Der Zwischenfall war und blieb ein Geheimnis.

Am nächsten Tag beschlossen Ingrid, Karin und Lena auf dem Heimweg von der Schule, mit den Vorbereitungen für die Preise im Lotteriespiel und Pfeilwerfen zu beginnen. Meine Laune war ziemlich düster, weil meine Mutter darauf bestanden hatte, daß ich nach dem Mittagessen mein Zimmer aufräumen sollte. Ich stellte einen Geschwindigkeitsrekord im Saubermachen auf, schwang mich am Spätnachmittag aufs Fahrrad und langte kurz vor fünf Uhr in Aspens Reitschule an. Elisabeth und Karin führten ihre Pferde gerade aus dem Stall, und ich beeilte mich, Melissa für den Ausritt zu satteln.

Als wir den Wald erreichten, begann es zu regnen. Ich brummte ein paar nicht sehr vornehme Wort über das Wetter in mich hinein. Dann aber begann ich mich zu entspannen und genoß es, langsam unter den Bäumen dahinzutraben und Melissa am langen Zügel gehen zu lassen. Erst als wir zum breiten Kiesweg kamen, brachten wir die Pferde in Galopp. An der Weggabelung machten wir schließlich halt, um Atem zu holen.

„Reiten wir über den Hügel zu unserer Springbahn", schlug Anita vor.

„Aber der Abhang ist vielleicht schlüpfrig vom Regen", wandte ich ein.

„Wenn wir vorsichtig sind, kann nichts passieren."

„Versuchen wir's. Wenn die Sache schwierig wird, können wir ja umkehren."

Es ging unerwartet gut. Die Pferde kamen leicht über den Hügel und wir trafen ein paar hundert Meter von der Scheune entfernt ein.

„Im Galopp zur Springbahn!" rief ich und trieb Melissa an.

Die anderen folgten mir.

Sekunden später wäre ich beinahe aus dem Sattel geplumpst.

Die Hindernisse waren wieder umgerissen!

Wir zügelten unsere Pferde, ritten langsam zum Zaun und starrten sprachlos auf die Verwüstung.

„Also jetzt glaube ich wirklich, daß es hier spukt", sagte Anita schließlich sehr langsam.

„Wie kommst du darauf?"

„Weil das einfach nicht mit rechten Dingen zugeht."

Elisabeth runzelte die Stirn und sagte: „Jetzt bringen wir erst mal die Pferde in den Stall. Dann kommen wir zurück und sehen uns alles genau an."

Innerhalb von dreißig Minuten waren wir wieder bei der alten Scheune. Es hatte aufgehört zu regnen, doch der Wind war kalt und ungemütlich.

Wir schritten ein Hindernis nach dem anderen ab und suchten wieder nach Spuren. Der Boden war jedoch diesmal so naß, daß wir nichts entdecken konnten.

„Wer weiß, vielleicht kommen riesige, ekelhafte Schlangen aus der Erde und reißen unsere Hindernisse um", sagte Ingrid und kicherte etwas nervös.

Von neuem stellten wir die Hindernisse auf. Dann setzten wir uns noch eine Weile in den Klubraum und bastelten einige der Preise für das Fest. Es ging nur langsam, denn unsere Gedanken waren zu sehr mit den geheimnisvollen Vorgängen auf der Springbahn beschäftigt.

„Jemand schleicht nachts auf unsere Weide", sagte ich.

„Vielleicht sollten wir Wache halten", meinte Marianne zögernd.

„Die Scheune ist bestimmt mehrere hundert Jahre alt", murmelte Anita. „In so alten Gebäuden gehen manchmal unheimliche Dinge vor, die niemand erklären kann. Das habe ich oft schon in der Zeitung gelesen."

„Es ist gleich halb sieben", sagte Elisabeth. „Laßt uns noch einmal rasch zur Weide hinauffahren und uns überzeugen, daß die Hindernisse noch stehen."

Wir räumten unsere Sachen auf, schwangen uns auf die Fahrräder und kontrollierten die Springbahn. Alle Hindernisse standen unberührt, wie wir sie verlassen hatten.

„Sollen wir morgen ganz früh herkommen und nachsehen, ob etwas passiert ist?" fragte ich.

„Was mich betrifft, ich bin dafür", sagte Anita.

„Es reicht, wenn Kiki und Anita sich darum kümmern“, meinte Elisabeth. „Zwei andere können den Kontrollgang dann am Sonntag morgen übernehmen.“

„Wie wär’s mit sechs Uhr früh?“ sagte ich zu Anita.

„In Ordnung. Wir treffen uns im Klubraum und gehen gemeinsam zur Weide.“

Rasch verabschiedeten wir uns voneinander und radelten in verschiedene Richtungen nach Hause. Ich stellte meinen Wecker auf halb sechs Uhr und versuchte noch zu lesen, schlief jedoch nach wenigen Minuten ein.

Am nächsten Morgen machte ich mich um fünf Minuten vor sechs Uhr im Halbdunkel auf den Weg zum Stall. Ich traf noch vor Anita ein, mußte jedoch nicht lange auf sie warten. Sie kam mit Höchstgeschwindigkeit angestrampelt und sah ziemlich munter aus.

„Auf dieser Weide scheint es wirklich zu spuken“, flüsterte Kiki entsetzt

„Es ist doch prima, so früh auf den Beinen zu sein, findest du nicht?“ sagte sie.

„Puh, nein, ich hasse es, so zeitig aufzustehen“, erwiderte ich brummig.

Doch meine Müdigkeit verschwand sehr plötzlich, und Anitas muntere Stimmung bekam einen gewaltigen Dämpfer, als wir um die Ecke der alten Scheune bogen und auf die Wiese sahen.

Denn zum drittenmal innerhalb von drei Tagen waren die Hindernisse umgestürzt!

Ich hätte mich am liebsten ins Gras gesetzt und geweint.

„Es ist richtig unheimlich, daß hier Nacht für Nacht so unerklärliche Dinge vor sich gehen“, sagte Anita nach kurzem Schweigen. „Die ganze Sache wirkt irgendwie gespenstisch.“

Ich bekam eine Gänsehaut. „Ja“, erwiderte ich und versuchte zu lächeln, doch es wurde nur ein verzerrtes Grinsen daraus. „Auf dieser Weide scheint es wirklich zu spuken!“

Wir gehen auf Gespensterjagd

„Wir müssen etwas unternehmen“, sagte Elisabeth drei Stunden später im Klubraum. „So kann's nicht weitergehen.“

„Zuerst sollten wir aber noch etwas anderes klären“, meinte Karin. „Vielleicht wäre es am besten, unseren Festtag noch mal um eine Woche zu verschieben. Wenn wir nämlich nicht rechtzeitig hinter das Geheimnis der niedergerissenen Hindernisse kommen, sind wir bestimmt nicht in der richtigen Festlaune. Was meint ihr?“

Wir waren der gleichen Ansicht und legten sofort einen neuen Termin fest.

„Dieses Fest ist wie verhext!" sagte ich mißmutig. „Wenn das so weitergeht, findet es vermutlich nie statt."

„So geht's aber nicht weiter", erwiderte Elisabeth bestimmt. „Wir kommen der Sache schon auf die Spur."

„Sollen wir Fallen aufstellen?"

„Wir können doch keine Fallen aufstellen, wenn wir nicht wissen, was wir fangen wollen!"

Anita richtete sich auf und sagte: „Die einzige Möglichkeit wäre, die Weide zu überwachen; und zwar fangen wir am besten sofort damit an. Jeweils zwei von uns legen sich auf die Lauer. Das machen wir abwechselnd – so lange, bis wir denjenigen erwischen, der unsere Hindernisse umwirft."

„Aber was tun wir nachts?"

„Unsere Eltern haben uns doch schon öfter erlaubt, in der Reitschule zu schlafen", meinte Anita. „Ich glaube, ich darf heute nacht schon hierbleiben, wenn ich meine Mutter darum bitte. Ich muß ihr ja nicht genau erzählen, was wir vorhaben."

Ich sagte: „Gut, aber wir können dich natürlich nicht allein lassen. Auf mich kannst du zählen, Anita – es sei denn, meine Eltern haben etwas dagegen, aber das glaube ich nicht."

„Ich bin mit von der Partie", warf Elisabeth ein. Und auch die anderen stimmten zu.

Während wir rasch nach Hause fuhren und um Erlaubnis baten, im Reitstall übernachten zu dürfen, versteckten sich Lena und Karin im Gebüsch neben der Scheune und bewachten die Weide. Glücklicherweise hatten weder meine noch Anitas und Elisabeths Eltern Einwände gegen unsere Nachtwache.

Nachmittags paßten Marianne und Ingrid auf die Hindernisse auf. Wir vereinbarten, daß Anita, Elisabeth und ich ab zehn Uhr abends auf der Lauer liegen sollten. Den ganzen Tag über geschah nichts. Alles war ruhig und friedlich, und die Hindernisse standen unberührt auf der Springbahn. Abends fuhr ich nach Hause, um zu essen, saß eine Zeitlang vor dem Fernseher und radelte dann wieder zum Stall zurück. Sobald ich an die bevorstehende Nachtwache dachte, überlief mich eine Gänsehaut.

Es war schon dunkel und genau das richtige Wetter für eine Spuknacht; zumindest kam es mir so vor. Ein bleicher Mond schimmerte zwischen schwarzen Wolken. Der Wind pfiff und heulte um die Stallgebäude. Wir schlichen am Wegrand entlang zur alten Scheune, gingen geduckt an den Sträuchern vorbei und krochen ins Gebüsch.

„Ist etwas passiert?" wisperte Elisabeth, als wir auf Ingrid und Marianne stießen, die auf dem Boden kauerten.

„Nein, es war bloß langweilig. Viel Spaß – gute Nacht!"

Die beiden schlichen davon.

Wir setzten uns so, daß wir zwischen den Zweigen und Blättern auf die Weide sehen konnten. Die Hindernisse standen unverändert auf der Bahn. Die Tür zur Scheune war verriegelt. Vom Kirchturm schlug es zehn.

Was würde geschehen?

Vielleicht kamen unheimliche Gestalten aus dem Wald, in weiße Gewänder gehüllt, und schwebten wie Nebelschwaden über die Wiese? Oder es öffnete sich plötzlich die Scheunentür, obwohl wir schon am Nachmittag einen großen Stein davorgerollt hatten, und irgendein grausliches Gespenst erschien auf der Schwelle?

Wie gebannt starrte ich auf die Scheune. Der Mond kam zwischen den Wolken hervor und beleuchtete die Fenster mit seinem silbrigen Licht. Bewegte sich da nicht etwas hinter den Scheiben? Mir war, als sähe ich etwas Dunkles, Behaartes, das uns tückisch anstarrte!

In meiner Angst holte ich tief Luft, versetzte Anita und Elisabeth einen Seitenstoß und deutete mit zitterndem Finger auf die Scheune. Die beiden sahen hin, schienen jedoch nichts zu bemerken.

„Was ist los?“ wisperte Elisabeth.

„Ich glaube, in der Scheune hat sich etwas bewegt“, erwiderte ich mit bebender Stimme.

„Wie sah's denn aus?“ fragte Anita.

„Wie eine Kreuzung zwischen einem Gespenst und einem Gorilla“, zischte ich.

Anita kicherte, und Elisabeth sah lange zur Scheune hinüber und flüsterte mir dann zu: „Das bildest du dir nur ein. Du machst dir nur selber angst!“

Ich antwortete nicht. Die Minuten schleppten sich dahin. Nichts geschah, alles blieb ruhig. Als ich auf meine Armbanduhr sah, war es fünf Minuten vor elf.

Der Mond verschwand hinter den Wolken, und die Dunkelheit umschloß uns wie ein schwarzer, bedrohlicher Schleier. Ich begann mich wirlich zu fürchten. Es überlief mich abwechselnd heiß und kalt. Vor Schreck schloß ich die Augen, um die seltsamen Schatten nicht sehen zu müssen, die auf mich einzustürmen schienen. Vergebens versuchte ich, an etwas Angenehmes zu denken. Als ich mir einen spannenden Film vorstellen wollte, den ich in letzter Zeit gesehen hatte, fiel mir ausgerechnet Dracula ein. Hinter geschlossenen Lidern sah ich ein bleiches, langes Gesicht vor mir, dessen blutunterlaufene Augen mich wild anstarrten. Der rote Mund öffnete sich langsam und entblößte zwei ekelhaft scharfe Eckzähne!

In diesem Augenblick hörte ich hinter mir einen furchtbaren, geisterhaften Schrei: „Huuuu-hooooo!“

Minutenlang war ich vor Schreck erstarrt. Dann wurde mir eisig kalt, und ich begann zu zittern: ein kalter Schauder nach dem anderen lief mir über den Rücken. Gleich falle ich in Ohnmacht! dachte ich.

Doch zu meiner Verwunderung wurde ich nicht ohnmächtig, und ich hörte auch kein Spukgeheul mehr. Um mich her war es wieder völlig still. Noch immer wagte ich es nicht, die Augen zu öffnen und mich umzusehen. Doch plötzlich spürte ich eine Hand auf meiner Schulter und hörte Elisabeth flüstern: „Keine Angst, Kiki, das war nur eine Eule!"

Widerstrebend machte ich die Augen auf. Ich schämte mich ein bißchen wegen meiner Furchtsamkeit und versuchte zu lächeln, brachte jedoch nur eine verzerrte Grimasse zustande.

Eine Ewigkeit schienen wir so dazusitzen – unbeweglich, mit angehaltenem Atem. Vom Kirchturm schlug es halb zwölf. Ich sah zum dunklen Wald hinüber. Die tiefe Stille hatte etwas Bedrohliches.

Ich warf einen Blick auf meine Uhr: Viertel vor zwölf.

Stumm zählte ich bis fünfhundert und sah erneut auf die Armbanduhr. Fünf Minuten vor zwölf.

Kurz vor Mitternacht. Gleich begann die Geisterstunde!

Mein Herz klopfte zum Zerspringen, doch ich zwang mich, die Augen offenzuhalten. Gleich passiert es, dachte ich.

Ich zählte bis hundert und wartete. Alles blieb ruhig. Zählte wieder, wartete. Nichts geschah.

Als ich auf die Uhr sah, war es sechs Minuten nach Mitternacht.

Plötzlich fühlte ich mich ruhig und herrlich entspannt. Die Gefahr schien vorüber zu sein. Gerade wollte ich mich vorbeugen und Anita zuflüstern, daß in dieser Nacht wohl nichts mehr passieren würde – da geschah etwas, was mir einen neuen Schrecken einjagte!

Aus dem Wald erklangen unheimliche Laute.

Die Geräusche wurden immer deutlicher. Es polterte, krachte und schnaubte. Entsetzt starrte ich zum Waldrand. Etwas Seltsames, Übernatürliches näherte sich zwischen den Bäumen. Drei große, graue Umrisse bewegten sich langsam auf die Weide zu.

Ich glaube, ich habe in meinem ganzen Leben noch nicht so viel Angst ausgestanden. Ich wollte aufspringen und schreiend flüchten, so rasch ich konnte. Doch ich kauerte wie gelähmt auf dem Boden und vermochte keinen Finger zu rühren.

Die seltsamen Laute verstärkten sich. Die drei großen, grauen Gestalten kamen näher.

Der Angstschweiß trat mir aus sämtlichen Poren. Diese Nacht überstehen wir nicht lebend, dachte ich, und spürte, wie eine Hand meinen Arm ergriff. Ich zuckte zusammen und wollte schreien, merkte jedoch gerade rechtzeitig, daß es nur Anita war.

„Bleib ganz still sitzen“, wisperte sie. „Gleich haben wir des Rätsels Lösung.“

„Das sind doch Gespenster, die da kommen!“ stöhnte ich.

Anita schüttelte den Kopf.

„Bist du blind? Siehst du denn nicht, was das ist?“ zischte ich und deutete mit zitterndem Finger auf die drei Gestalten.

„Sei still“, flüsterte sie. „Schau doch!“

Ich starrte zum Wald und merkte, daß die drei „Gespenster“ am Weidezaun angelangt waren. Dann rieb ich mir die Augen. Das konnte doch nicht wahr sein!

Es waren drei Elche!

Sie stießen zwei Zaunpfähle um, betraten die Weide und trotteten schwerfällig auf unsere Hindernisse zu.

Da begann ich unbändig zu kichern. Das Gekicher wurde zu einem Lachkrampf, und ich mußte beide Hände vor den Mund halten, um nicht laut loszuprusten. Das also war des Rätsels Lösung! Die Elche spielten wie übermütige Fohlen auf unserer Weide: Sie vollführten Bocksprünge, rannten mit den Köpfen gegen die Balken und Stangen unserer Hindernisse und warfen alles um. Einer schob das Geweih unter einen Querbalken, hob ihn hoch und schleuderte ihn in die Luft. Die Sache schien ihnen ungeheuren Spaß zu machen.

„Sollen wir sie wegjagen?" fragte Anita.

„Nein, die könnten böse werden, wenn wir sie stören. Und ich habe keine Lust, mich mitten in der Nacht von drei wütenden Elchen durch die Gegend hetzen zu lassen", sagte Elisabeth.

Nachdem die Elche alle Hindernisse gründlich über die Weide verteilt hatten, drehten sie noch ein paar Runden, trotteten auf das Birkenwäldchen zu und verschwanden über den Hügel jenseits der Wiese.

Wir standen auf und lachten uns erst einmal richtig aus. Dann rafften wir unsere Plastiktüten mit Proviant und die Decke zusammen und liefen kichernd zum Stall. Ich war sehr erleichtert. Wie herrlich, die Angst und Ungewißheit endlich los zu sein!

Ein unfreiwilliges Bad

„Es ist einfach unglaublich!" sagte Karin. „Nie im Leben wäre ich auf die Idee gekommen, daß wir's nicht mit Bösewichtern oder Gespenstern, sondern mit Elchen zu tun haben!"

„Ich finde, es wäre aufregender gewesen, wenn ein übernatürliches Wesen dahintergesteckt hätte", behauptete Anita.

„Pah, du bist ja ganz verrückt nach Gespenstern!" sagten wir.

„Jetzt reparieren wir sofort den Weidezaun", schlug Elisabeth vor. „Und zwar so gründlich, daß er dem Angriff eines ganzen Elchrudels standhält."

Mit Hammer und Steinen machten wir uns an die Arbeit. Sicherheitshalber verstärkten wir die Zaunlatten auf der Seite, wo die Elche eingedrungen waren, noch mit Drähten und rammten einige zusätzliche Pfähle in die Erde.

„So, jetzt müßte er eigentlich halten", sagte ich.

Und der Zaun hielt wirklich.

Am Montag und Dienstag bemerkten wir Elchspuren außerhalb der Einfriedung, doch die Pfähle saßen noch fest im Boden. Am Mittwoch trafen wir uns wieder auf der Wiese und stellten fest, daß in der vergangenen Nacht keine Elche dagewesen waren.

„Jetzt ist's ihnen wohl zu dumm geworden", meinte Elisabeth. „Sie haben eingesehen, daß nichts mehr zu machen ist."

Karin sah geistesabwesend auf die Weide. „Ich würde unsere Springbahn furchtbar gern mal ausprobieren", murmelte sie.

„Ich auch", erwiderte Elisabeth sofort.

„Und ich ebenfalls." Das kam von Ingrid.

„Dann reite ich mit Melissa zur Geländebahn", sagte ich, „damit es hier kein Gedränge gibt!"

Melissa trabte mit gespitzten Ohren und angespanntem Blick über den Kiesweg. Sie war heute offenbar ganz besonders lebhaft und munter, und ich merkte, daß es nicht leicht sein würde, sie in Zaum zu halten.

Auf der Geländebahn lockerte ich zuerst mein Pony und dann machte ich ein paar Wendungen auf der Vorhand. Im Galopp näherten wir uns dem ersten Hindernis, einem Rick aus Stämmen. Es war nicht besonders hoch, und Melissa sprang ohne die geringste Schwierigkeit darüber. Das nächste Hindernis bestand aus Ästen und Zweigen und war etwa einen Meter hoch. Melissa überwand es mit elegantem Sprung.

„Du bist ja heute in Hochform", sagte ich zu ihr, als das dritte Hindernis in Sicht kam. Es war ein Oxer aus Birkenstämmen.

Doch das hätte ich nicht sagen sollen, denn plötzlich machte Melissa halt und weigerte sich, auch nur einen Zentimeter weiterzugehen. Als ich sie anzutreiben versuchte, bewegte sie sich einfach rückwärts.

So trippelte sie ein paar Minuten lang hin und her, bis ich es satt hatte. Ich stieg ab und brach eine Gerte von einem Weidenbusch. Ehe ich mich wieder in den Sattel schwang, versuchte ich, Melissa zu dem Hindernis zu führen, doch sie weigerte sich hartnäckig und stemmte die Hufe fest in den Boden.

„Also hör mal zu, Melissa", sagte ich streng und stieg wieder auf. „Wir müssen über diesen Oxer weg. Du bist verflixt eigensinnig, aber ich gebe auch nicht nach."

Noch einmal versuchte ich Melissa anzutreiben, doch es nützte nichts. Da gab ich ihr drei leichte Hiebe aufs Hinterteil. Nun merkte sie, daß ich es ernst meinte, trabte auf das Hindernis zu und sprang ordentlich darüber, ohne zu zögern.

„Fein, braves Mädel!" sagte ich und streichelte sie.

Man muß sein Pferd immer loben, wenn es zuerst ein Hindernis verweigert und dann darüberspringt, damit es zwischen richtig und falsch unterscheiden lernt.

Wir drehten noch einmal um und sprangen ein zweites Mal über den gleichen Oxer, diesmal im Galopp. Es ging wunderbar.

„Gut", sagte ich. „Das reicht für heute."

Im Trab näherten wir uns dem kleinen Waldweg, der teilweise an einem See entlangführt. Als wir in den Wald kamen, merkte ich, daß der Boden ziemlich schlüpfrig war, so daß wir nur im Schritt reiten konnten.

Der Pfad, den wir einschlugen, war sehr schmal und wurde auf der einen Seite vom Wasser begrenzt, auf der anderen von einem steilen Berghang. Man mußte eine ziemliche Strecke reiten, bis man zu einer kleinen Landzunge kam; erst dort konnte man umkehren.

Ein wenig zu spät entdeckte ich, daß der Boden immer rutschiger wurde. Es war nicht leicht für Melissa, Halt zu finden. Ich überlegte gerade, ob ich absteigen sollte, da passierte es: Melissa glitt aus, und wir rutschten ein Stück den Uferhang hinunter und fielen ins Wasser!

Zuerst bekam ich einen derartigen Schreck, da ich glaubte, wir würden beide ertrinken. Dann aber nahm ich meinen Verstand zusammen und erinnerte mich daran, daß Pferde ja schwimmen können – und ich konnte es schließlich auch.

Ich hing noch immer im Sattel, war jedoch mit einer Schulter unter Wasser. Melissa war so verstört, daß sie wild kämpfte, um mich abzuschütteln. Endlich schaffte ich es, aus dem Sattel zu gleiten, hielt die Zügel lose in der Hand und hoffte von ganzem Herzen, daß der See an dieser Stelle nicht allzu tief wäre.

Um Hilfe wagte ich nicht zu rufen, denn damit hätte ich Melissa womöglich so erschreckt, daß sie sich losriß und weiter auf den See hinausschwamm. Keuchend flüsterte ich ihr ein paar beruhigende Worte zu, doch sie achtete nicht darauf. Sie starrte wild um sich und schnaubte verzweifelt.

Mühsam versuchte ich, Melissa zum Ufer zu schieben. Sie war jedoch so verängstigt, daß sie unwillkürlich zur entgegengesetzten Seite drängte. So ging es also nicht. Ich mußte mir etwas anderes einfallen lassen.

Glücklicherweise hatte ich festen Grund unter den Füßen. In der Tasche meiner Reitjacke steckte eine Hanfschnur. Ich zerrte sie hervor, befestigte sie an den Zügeln und watete dann allein zum Ufer – direkt auf die Stelle zu, wo wir ins Wasser geglitten waren. Die Schnur hielt ich lose in der Hand.

Hoffentlich ist das Wasser nicht allzu tief, dachte Kiki ängstlich

Schon nach einigen Schritten ging mir das Wasser nur noch bis zum Knie. Eine Weile blieb ich stehen, damit Melissa sehen konnte, daß ich auf festem Boden stand und keine Angst hatte. Dabei redete ich beruhigend auf sie ein. Wenige Minuten später konnte ich sie ans Ufer führen.

Erst als Melissa ebenfalls wieder an Land war, merkte ich, daß ich vor Kälte und Anspannung mit den Zähnen klapperte. Melissa mußte ebenfalls ganz durchfroren sein. Ich führte sie sofort den Weg zurück, den wir gekommen waren. Wir mußten so schnell wie möglich zum Reitstall.

Trotz allem war ich natürlich heilfroh, daß wir den Unfall so glimpflich überstanden hatten. Ich wagte kaum daran zu denken, was passiert wäre, wenn ich bei unserem Sturz ins Wasser unter Melissa geraten wäre. Wir hatten wirklich Glück im Unglück gehabt.

Auf dem Heimweg beschloß ich, meinen Eltern nichts von dem Vorfall zu erzählen. Es hätte sie nur unnötig beunruhigt.

Endlich erreichten Melissa und ich triefend die Springbahn. Als meine Freundinnen uns näher kommen sahen, eilten sie mir sofort zu Hilfe. Elisabeth und Karin übernahmen Melissa, Ingrid half mir im Klubraum aus den nassen Kleidern und hängte sie zum Trocknen vor das elektrische Heizöfchen. Ich wickelte mich in eine Pferdedecke und berichtete zitternd und zähneklappernd von unserem unfreiwilligen Bad.

Es dauerte ein paar Stunden, bis meine Sachen trocken waren. Die ganze Zeit über fror ich wie ein Schneider und fühlte mich richtig elend. Schließlich begann ich auch prompt zu husten und merkte, daß ich einen ordentlichen Schnupfen ausbrütete.

„Du mußt nach Hause“, sagte Elisabeth. „Womöglich hast du auch Fieber!“

„Ich will aber nicht krank werden!“ murmelte ich. „Am Sonntag feiern wir doch unser Fest.“

„Wenn du jetzt nicht heimfährst, kriegst du vielleicht Lungenentzündung!“ schimpfte Anita. „Du mußt mit einer Wärmflasche ins Bett. Es hat keinen Sinn, hier herumzusitzen und zu frieren.“

Sie hatte natürlich recht. Ich nickte, stand auf und merkte, wie meine Knie nachgaben.

„Wie geht's Melissa?“ fragte ich.

„Wir haben sie trockengerieben und ihr ein paar Decken übergelegt. Mach dir keine Sorgen um sie. Nimm jetzt dein Fahrrad und verschwinde. Wir rufen später bei dir zu Hause an und erkundigen uns, wie's dir geht.“

„Danke für eure Hilfe“, sagte ich und radelte langsam und wacklig heimwärts.

„Siehst du aber elend aus!“ rief meine Mutter, als ich in die Küche kam.

„Ich glaube, ich habe mich erkältet“, murmelte ich.

„Dann gehst du sofort ins Bett, und wir messen Fieber.“

Ich versuchte zu protestieren, doch es nützte nichts. Im Handumdrehen lag ich in meinem Bett. Meine Befürchtungen bestätigten sich: Ich hatte Fieber.

„Du mußt ein paar Tage im Bett bleiben, ob du willst oder nicht“, sagte meine Mutter.

Ich schüttelte den Kopf. „Nein, das geht nicht. Am Sonntag ist unser Klubfest.“

„Dann muß es eben ohne dich stattfinden – oder ihr verschiebt eure geplante Veranstaltung, bis du wieder ganz gesund bist.“

Ich seufzte, sagte jedoch nichts mehr, weil ich so schrecklich müde war.

Dann muß ich ein paar Stunden geschlafen haben, denn als meine Mutter wieder ins Zimmer kam, war es dunkel.

Sie strich mir übers Haar und sagte: „Elisabeth hat eben angerufen und gefragt, wie es dir geht. Ich sagte ihr, du hättest Fieber, und da bat sie mich, dir auszurichten, daß euer Fest um eine Woche verschoben wird.“

Ehe ich wieder in unruhigen Schlaf fiel, dachte ich, daß aus unserem Festtag wohl nie etwas werden würde.

Doch da täuschte ich mich wieder einmal. Das Fest des Ponyklubs fand statt – wenn es auch anders ausfiel, als wir es geplant hatten . . .

Ein Festtag für den Ponyklub

Fünf Tage mußte ich im Bett bleiben, bis ich fieberfrei war. Während dieser Zeit sorgten meine Freundinnen abwechselnd für Melissa.

Eine Woche nach meinem Unfall ging ich wieder zur Schule – und natürlich in den Reitstall.

Am Freitag und Samstag stürzten wir uns in wilde Geschäftigkeit, um alles für unser Fest vorzubereiten. Wir bastelten die letzten Gewinne, beschrifteten und falteten Lose, kochten Karamellen und hängten endlich auch die Plakate und Anschlagszettel auf.

Wir taten alles, was in unserer Macht stand, damit es ein schönes und erfolgreiches Fest wurde.

Doch eines konnten wir leider nicht beeinflussen: Das Wetter.

Die ganze Woche hindurch schien die Sonne. Dann, ausgerechnet am Samstag nachmittag, kam ein kalter Wind auf, und große Wolken überzogen den Himmel.

„Bis morgen bläst der Wind die Wolken bestimmt wieder fort“, bemerkte Anita.

„Sicher!“ sagte ich hoffnungsvoll. „Morgen scheint dann den ganzen Tag lang die Sonne.“

Am Sonntag wachte ich früher als sonst auf und sah sofort aus dem Fenster. Der Himmel war bewölkt, und es schien kalt zu sein. In ein paar Stunden wird's bestimmt besser, dachte ich und tappte barfuß ins Bad.

Punkt acht Uhr versammelten wir uns vor dem Reitstall und versuchten so zu tun, als wäre es eigentlich gar nicht besonders kalt.

„Im Grunde ist das Wetter ziemlich schön“, sagte Karin.

„Ein bißchen Wind schadet nichts“, behauptete Lena. „Das ist nur erfrischend.“

Wir striegelten unsere Pferde besonders sorgfältig, so daß sie vor Sauberkeit nur so glänzten.

Um halb zehn Uhr waren wir bereit, die ersten Festgäste zu begrüßen. Gegen zehn kamen drei kleine Mädels. Scheu gingen sie zu den Pferden. Eine streckte mir ihren Geldbeutel entgegen und sagte: „Wir möchten gern reiten.“

„Wird gemacht“, erwiderte ich. „Willkommen zum Festtag des Ponyklubs! Wer von euch will's als erste versuchen?“

Sie machten zweifelnde Gesichter. Da hob ich eine von den dreien kurz entschlossen hoch und setzte sie auf Melissas Rücken. Dann führte ich mein Pony langsam und ruhig über den Pfad. Die anderen beiden Mädchen gingen neben mir her und sahen mit großen Augen zu ihrer Freundin auf, die steif und ein wenig ängstlich im Sattel saß.

Als alle drei jeweils eine Runde geritten waren, nahm ich an, daß bereits eine ganze Schlange reitlustiger Mädchen und Jungen an der Scheune warteten, doch weit und breit war kein einziges Kind in Sicht. Ich sah auch keine Erwachsenen.

Der Reitstall lag ebenfalls verlassen da, und auf der Springbahn war niemand außer Elisabeth und Karin. Ich ging zu ihnen und fragte: „Wo sind denn die Leute?“

„Sie kommen wohl erst später", sagte Elisabeth.

„Heute ist doch Sonntag, da schlafen die meisten Leute länger", erklärte Karin.

„Na, hoffentlich bleiben sie nicht den ganzen Tag im Bett", brummte ich.

„Mach dir keine Sorgen. Es wird sicher alles klappen!" Elisabeth lächelte mir aufmunternd zu. Ich ging wieder zu den Pferden und wartete darauf, daß mehr Kinder erscheinen würden, um zu reiten. Doch es kam niemand.

Dafür kam etwas anderes: Regen!

Anfangs nieselte es nur leicht, und ich dachte, es würde bald wieder aufhören. Doch da hatte ich mich getäuscht. Es wurde ein regelrechter Dauerregen daraus. Ab und zu kam ein Kind im Regenmantel und wollte reiten, doch die Pausen zwischen den einzelnen Besuchern waren lang. Auch ein paar Erwachsene tauchten rasch in der Scheune und im Stall auf, blieben jedoch nicht lange. Natürlich erschienen unsere Eltern pflichtschuldigst, kauften Lose, sagten ein paar tröstende Worte wegen des Wetters und gingen wieder nach Hause. Herr Erik bot uns an, die Dressurvorführungen in der Reithalle abzuhalten, wenn wir wollten. Doch es war ja niemand da, dem wir etwas vorführen konnten!

Wir brachten alle Pferde in die Halle mit Ausnahme von Melissa und Charlie, die bei der Scheune bleiben sollten, falls noch jemand reiten wollte.

Und wirklich kam ab und zu ein Besucher durch den Platzregen gelaufen, ritt hastig eine Runde und kaufte dann eine Tüte Karamellen oder ein Los.

Ich war triefnaß, traurig und wütend.

Um drei Uhr beendeten wir unseren Festtag. Unter finsterem Schweigen räumten wir auf, verschlossen die Scheune und schafften unsere Siebensachen in den Klubraum. Dort setzten wir uns gemütlich zusammen und stellten verbittert fest, daß unser Festtag buchstäblich ins Wasser gefallen war.

Anita verwünschte den Regen in Worten, die nicht für feine Ohren bestimmt waren, und ich hätte am liebsten laut losgeheult.

„Ein paar Leute haben gesagt, daß Hunderte von Besuchern gekommen wären, wenn's nicht geregnet hätte", seufzte Elisabeth.

„Das nützt uns jetzt auch nichts!" würgte ich hervor.

„Ich bin so wütend, daß ich gleich platze!" zischte Marianne und versetzte der Wand einen Fußtritt.

„Es ist alles so ungerecht", sagte Ingrid mit tränenerstickter Stimme. „Wo wir uns doch soviel Arbeit mit unserem Fest gemacht haben!"

Wir saßen da und starrten trübselig in die Luft. Ab und zu hörte man einen Seufzer. Der Regen prasselte gegen die Fensterscheiben.

Nach einer Weile setzte sich Karin, die ja unser Kassenwart ist, an den Tisch und zählte das Geld, das wir eingenommen hatten.

„Wieviel ist's?" fragte Elisabeth schließlich.

„Achtzig Mark und fünfzig Pfennig", sagte Karin.

„Fünfmal soviel hätten wir gebraucht", murmelte ich.

„Und dafür haben wir so geschuftet!" stöhnte Ingrid.

In diesem Augenblick öffnete sich die Tür, und Herr Erik trat ins Klubzimmer. „Brrr, was für ein scheußliches Wetter!" sagte er und zog seinen Regenmantel aus. „Wie war's denn? Habt ihr Geld verdient?"

„Nur achtzig Mark und fünfzig Pfennig", erwiderte Karin.

„Die ganze Sache ist schiefgegangen", sagte Elisabeth düster. „Trotz aller Mühe haben wir so gut wie nichts erreicht."

„Ehrlich gesagt, finde ich die Leute dumm, die sich nicht aus dem Haus trauen, bloß weil's ein bißchen regnet!" rief Anita böse.

Herr Erik sah uns der Reihe nach ernsthaft an; dann lächelte er, setzte sich auf die Tischkante und sagte: „Ich glaube, ihr solltet trotzdem zufrieden sein, denn ihr habt eure Sache gutgemacht. Ihr habt wirklich bewiesen, daß ihr allein mit allen Schwierigkeiten fertig werdet. Ich habe kürzlich mit dem Freizeitausschuß unserer Gemeinde über euren Ponyklub gesprochen und dem Vorsitzenden erzählt, wie tüchtig ihr seid, wie sehr ihr euch für den Reitstall und die Pferde einsetzt und daß ihr eure Freizeit wirklich auf sinnvolle Weise verbringt."

Er machte eine kurze Pause und blickte uns anerkennend an.

Und in uns kribbelte es voller Erwartungen.

„Wißt ihr überhaupt, was so ein Freizeitausschuß ist? Nun, er gehört zur Gemeindeverwaltung und kümmert sich darum, daß alle Leute in Aspen die Möglichkeit haben, ihre Freizeit auf angenehme und nützliche Weise zu verbringen. Der Freizeitausschuß veranstaltet Fußballspiele, Gymnastikkurse und alles mögliche. Außerdem verteilt er auch Geldmittel an Gruppen, die Unterstützung brauchen – unter anderem an Vereine und Klubs, die etwas für die Jugend tun. Ich habe mich also mit dem Vorsitzenden unterhalten und ihm erzählt, daß ihr versucht, das Geld für eure Ausrüstung, den Hufschmied und sonstige Ausgaben selbst zu verdienen. Dann fragte ich ganz einfach, ob euer Ponyklub nicht auch eine Unterstützung erhalten könnte. Nun hat man sich im Freizeitausschuß die Sache überlegt, und vor einer Stunde rief mich der Vorsitzende an. Er sagte, sie hätten den Entschluß gefaßt, euch einen Beitrag von dreihundert Mark zu bewilligen."

Es dauerte eine Weile, bis wir richtig begriffen, was Herr Erik da gesagt hatte. Doch dann erhob sich Anita und fragte mit zitternder Stimme: „Der Ponyklub bekommt dreihundert Mark von der Gemeinde?“

„Ja“, bestätigte Herr Erik.

Da brach der Jubel los!

Wir tanzten und sprangen durchs Zimmer, lachten, schrien und fielen Herrn Erik um den Hals. Er sah ein bißchen verlegen aus.

„Vielen, vielen Dank!“ riefen wir immer wieder.

„Bei mir braucht ihr euch nicht zu bedanken“, erwiderte er. „Es ist euer eigener Verdienst, daß ihr eine Beihilfe vom Freizeitausschuß bekommt. Ihr habt wirklich bewiesen, daß ihr auf eigenen Füßen steht. Und jetzt muß ich mich um die Pferde kümmern.“

Auf der Türschwelle machte er noch einmal halt und fügte hinzu: „Das Geld soll schon morgen mit der Post in die Reitschule gebracht werden. Ihr könnt es euch bei mir abholen. Tschüs dann.“

„Tschüs und nochmals tausend Dank!“ riefen wir alle sieben im Chor.

Während der folgenden Stunden schwebten wir vor Glück auf rosaroten Wolken. Unsere Mühe war also doch nicht umsonst gewesen!

„Für die nächste Zeit haben wir genug Aufregungen und Abenteuer erlebt“, sagte Elisabeth, als wir uns abends voneinander verabschiedeten. „Jetzt kommen wunderbar friedliche Zeiten.“

„Schluß mit Autowracks und verborgenen Schätzen“, kicherte Lena.

„Keine Gespenster mehr!“ sagte Marianne.

„Och, warum nicht?“ rief lachend Anita. „Ich hab's gern, wenn geheimnisvolle Dinge geschehen. Wie ich uns kenne, werden wir bald in neue Abenteuer stolpern. Darauf gehe ich jede Wette ein!“

Ich schüttelte den Kopf. „Jetzt passiert bestimmt lange nichts Aufregendes mehr“, behauptete ich.

Doch wie gewöhnlich täuschte ich mich, und Anita behielt recht. Neue spannende, unheimliche und komische Abenteuer erwarteten uns – und darüber werde ich im nächsten Buch vom Ponyklub berichten.